精神分析たとえ話

タヴィストック・メモワール

Tobitani Wataru
飛谷 渉 著

誠信書房

精神分析たとえ話——タヴィストック・メモワール◉目次

プロローグ――あるいは終わりのあとの分析の夢　5

パートⅠ　比喩と揶揄――訓練分析が必須なわけ

第1話　食べなきゃ始まらない?――回転寿司のたとえ　17
第2話　もっと光を――園芸としての精神分析　24
第3話　コモン・センス、あるいは臨床家のインフラ――タヴィストックの空気　32
第4話　マイ・ビジネス――ベティ・ジョゼフ先生に会う　41

パートⅡ　音楽・アート・文学、そして夢の力

第5話　前奏曲ルバート、あるいは盗まれた時間　53
第6話　創造者と求道者、あるいはBecoming of 'O'――ジャズ的精神分析　60
第7話　破局、共鳴、転移　68
第8話　精神分析を聴け　74
第9話　習い事としての精神分析　82
第10話　浮かび上がる四次元――ターナーの『吹雪』を見る　90

第11話 プライバシーとパブリシティ、あるいは抑うつポジション——夢見の舞台としての精神分析 98
第12話 文学性の所在 105
第13話 夢見ぬ文学——夏目漱石のテンポ 112
第14話 夢の力：その一、中上健次とフロイト 121
第15話 夢の力：その二、イルマの夢 129

パートⅢ 神と物理学、そして精神分析

第16話 ジャガイモを歌え！ 145
第17話 記憶なく、欲望なく、理解なく、あるいはバベルの塔 154
第18話 神、剪定する庭師、あるいは分析家——ローゼンフェルドと精神分析の神様 165
第19話 二〇〇五年七月七日、さらに「長い週末」——キリスト教グノーシスとビオン 175
第20話 宗派と学派、あるいは家業と人間関係 187
第21話 光電効果あるいは投影同一化——アインシュタインと精神分析 194
第22話 実証性と実在性——量子力学とビオン 203

エピローグ――旅の終わりに　213

謝辞　219
文献　222
事項索引　228
人名索引　230

プロローグ――あるいは終わりのあとの分析の夢

これからの文章群は、精神分析を受けようか受けまいかと考えているあなたに向けて書かれている。精神分析を受けるという決断に対してあなたの背中をそっと押してみたい。その決心の一助となるよう願って、でも時々その目的を忘れてしまって、自分のロンドン体験の思い出に没頭したりしつつ、でもやっぱり精神分析を受けることのすすめとして、私は書き進めた。そのために、精神分析を受けるということがいったいどういうことなのか、できるかぎり誠実に考えたつもりである。これらの文章は、どちらかというと臨床家に向けて書かれてはいるが、そうじゃない人たちにも、精神分析を受けることに関心があるなら、ちょっとしたリアルがここにあるかもしれない。少なくとも、絵に描いた餅ではないつもりである。

精神分析に関する入門書や治療者への「精神分析的アプローチ」を名乗る類の本は、昨今数多く出版されている。それはそれで必要なことで、何も語られないよりはよっぽどいいのだろう。また精神分析の訳書が、十分とはいえないまでも、そこそこ出版されている。それらはそれらで実に本格的な精神分析の書物である。フロイトに始まり、メラニー・クライン、ビオン、メルツァー、ブリトンなどなど、すべては精神分析における巨人たちだ（他の分析家たちについての私の知識ははなはだ限られたものなので、これ以上の名は挙げない、でも少し不公平かもしれない）。

さて、彼らの書物にふれることは、それはそれで刺激的なことであろうし、特に精神分析を為すことを目指している人にとっては必読である。ただここで見落としてはならないのは、それらがほとんど週五回以上の精神分析の経験をもとに発信され、しかもその受け手として想定されているのは精神分析家である、ということなのだ。これは全くもって見過ごすことができない事実である。つまりこれらの書物は、フロイトのものの一部を除いては精神分析を為す人々に向けて書かれている。したがって、これらはこれから精神分析を受けたい人にとってはあまり役に立つとはいえないものだ。

精神分析を受けたことがない人で、精神分析はこういうものだ、と確信めいた像を描いている人がいるとすれば、そういう人はまず精神分析を受けるとそれがもろくも崩れ去るという体験が待っている。運が良ければ「何これ？」であり、他の大多数はおそらく「騙された！」となる。ちなみに私はもちろん後者だった。分析家のところに週五回通って一年ほど経ってはじめて、少しだけ「なんだろう、これ？」と思える瞬間が現れ始めた、というくらいのものだった。この疑念と驚きこそ精神分析の中で得た非常に重要な体験だったように思う。私のこのような語りはお節介かもしれない。映画のネタバラシのごとき所作なのかもしれない。だが実のところ、私の語ることがこれから分析を受ける人たちのそういった驚きや疑念、あるいは好奇心に水を差すものになりうるとも思えない。このような前口上によって、その体験自体が無効化してしまうほど精神分析体験は薄っぺらで崩れやすいものではないと私は確信している。したがって、もしかしたらこのような語り自体無用の長物かもしれないし、単に自分の精神分析への思いをあなたに聞いてほしいだけなのかもしれない。しかしながら、精神分析を受けるということがどんなふうかについて語っているものを、現在の日本ではほとんど見かけないので〈例外は平井正三氏の著書『子どもの精神分析的心理療法の経験』〈第11章〉である〉、その役を買って出てみたいというのが私の素朴な動機である。

ここには、私が分析体験を自分自身でもう一度考えてみたいということも含まれているのかもしれない。そうであるなら、精神分析を受けた者が、自分の精神分析体験を振り返るという作業に、あなたに立ち会ってもらって、「どうですか、面白いと思いませんか」と言いたい、それくらいのものなのだ。したがって、ある種の独り言に陥る危険性は自覚しておく必要がありそうだ。また、私はできれば、精神分析を受けるということがどういう体験だったのかをあなたに伝えたいと思っているので、どうしても自分の経験をできるだけ誠実に語る覚悟がいるのだと心得ているつもりである。しかしそうはいっても、ただ個人的体験ばかり書き連ねるだけではあなたの役に立つとも思えない。ただ私はあなたに、精神分析について幾ばくかのリアリティを感じてほしい。

でも、どうしてそんなお節介なことをしようと思うのか、本当のところは自分でもよく分からない。今ここで思いつくのは、はなはだ大げさかもしれないが、ある種の使命感なのかもしれないということだ。天然記念物を保護したいような心境、純粋種が失われることを憂う気持ち、このようなある種の（自己）保存本能に動かされた感情は確かに働いていると思うのだが、それと私のいう使命感とは少し違っている。このような保存本能に突き動かされた使命感は、ともすれば内的テロリズムを含んでいるかもしれない。「それは精神分析ではない、偽物です」と言いたくなる危険性を常に含んだ使命感である。これに陥ると私はあなたを巻き込んである種の宗教戦争を起こすことになるだろう。それはそれでときには必要なのかもしれないが。で、さらに、このような自己保存的使命感のもう一つの落とし穴は骨董屋になってしまうことである。「お目が高い。これは、いいものですな。一九一七年の作で、悲哀とメランコリーという逸品です」などとやり出しては目も当てられない。

私がもっている使命感というのは、これら自己保存本能的なものとはやはり違っていると思う。気恥ずかしさは否めないが、それは精神分析という文化への憧憬と好奇心であり、さらには何よりも、私の精神分析をとり行ってくれた精神分析家への感謝の念から起こってきている使命感だろうという方がしっくりくるように思う。そして、人の心をこうまではっきりと感知できる営み、さらには心の中に再び良い対象の源泉をたどることができる営みへの驚きをあなたと共有したいという願いでもある。

精神分析を受け始めるよりもかなり前に、私は家族旅行でロンドンを訪れたことがあった。フィンチリー・ロードという駅の近くにあるフロイト博物館を訪ねたときのこと。そこに来客用のノートがあった。ふと目にとまった寄せ書きには「フロイト先生、あなたのおかげで私は分析家に出会うことができました、あなたは私の恩人です」とある。当時の私はそれを見て、「大げさなことを書いている人もいるものだ」などと思っていたが、その一方で、大きな衝撃を受けてもいたのだと思う。その寄せ書きのインパクトは、私を再びロンドンに連れていく動機の一部にもなっていたのかもしれない。

さて、この一連の随想では、精神分析に関してのたとえ話を思いつくかぎりでたくさんしてみたいと思う。できるだけ、なんとかして、精神分析のリアリティを伝えたいと思うからである。精神分析とは何かなど直接語り始めると、どんどんリアリティから遠ざかってしまう。「精神分析とは何か」、など知ることができないのかもしれない。この問いこそ、精神分析を患者として受けることによってのみ得ることができる問いなのである。だから私があなたに精神分析を語ろうとするなら、精神分析や精神分析家を何かにいろいろとたとえてみる方がいいように思うのだ。少なくともそうする

フロイト博物館
（ロンドン・ハムステッド）

ことは面白いだろうと私は思う。精神分析を何にたとえるのか、それが実のところかなり本質に迫る問いなのだ。比喩が必要になるのは、それを直接に定義することがはなはだ難しいためだ。ある種の活動分野として直接定義しようとすると今ひとつ面白くない。思いつくかぎり例を挙げてみると、「精神分析は科学である」「精神分析は治療である」「精神分析は芸術である」「精神分析は心の運動（スポーツ？）である」「精神分析は政治である」「精神分析は宗教である」「精神分析は生き物である」などなど。さらには「精神分析家は職人である」「精神分析家はメシアである」「精神分析家は追放されたものである」。これら自体、やはり定義ではなくてある種のメタファーなのかもしれないが、それぞれ一片の真実は含んでいると感じられる。

周知のとおり精神分析を創始したのはフロイトだが、彼は少なくとも最初の二つの要素、すなわち「精神分析は科学である」と「精神分析は治療である」を疑ってはいなかったし、常にそうであると見なしていたようだ。しかしながら、彼の発見から百余年を経た現在では、「精神分析は精神分析である」という自己完結的な言説もまんざら無意味ではないと思えるほど、精神分析という作業を何かに従属するものとして位置づけることは難しくなってしまった。フロイトの産んだ精神分析は、ある種の生き物となり、そしてある種の人間的価値になってしまったのだろう。しかしこれではあまり説明にはなっていない。精神分析とはいったい何なのか。

私はこれまで何度も「精神分析というのは、～という作業ですから」という言葉を話したり書いたりしてきた。だが、この「～」は結構その都度違っている。たとえば、「精神分析は成長を目指す営みです」とか「精神分析は無意識的コミュニケーションです」、あるいは「精神分析っていうのはご自分について考え知ることです」とか、「精神分析は習い事という側面と治療という側面をもっています」とか、その都度少し違ったことを言ってきた。セミナーであったり、論文であったり、クライアントへの説明であったり、いろんな状況によって言うことが違っている。

ところで、精神分析を学ぼうとの意志をもって精神分析を受けた者として、私がそれを終えてもつにいたったのは、精神分析はとてつもなく大きな発見なのだという実感である。これほど人間的な営みは他にあるのだろうかと思う。私は自分の受けた精神分析はいまだ私の中で息づいていると感じている。自分の中に精神分析的な何かが「いる（居る）」感じなのである。これは「私は精神分析が好きです」などと余裕をもって精神分析への愛を語れる類のものでは決してない。私の受けた精神分析は精神分析への愛というかたちには結実しなかったのかもしれない。

私はロンドンで、クライン派のトレーニングアナリストから週五回のセッティングで三年七カ月にわたって精神分析を受けた。それは終えたという感覚にはほど遠いものではあったが、その短い期間ででも、自分の中に何かが居るという手応えを得るには足るだけの経験だったと感じている。私の分析は約八百回で終結したが、いわゆる精神分析プロセスにおける終結まで成し遂げたという実感はない。それでもこの手に、あるいは胸の奥に、精神分析的な何かが住まうに足るだけの手応えをもって帰ることはできたと思っている。最近、その実感を裏づけるような、グッとくる夢を見たので、それをあなたにお話しして前説を結ぼうと思う。

さて夢である。

ロンドンの地下鉄、ノーザン・ラインの北端、バーネットという駅近く、ヒルサイド・ガーデンズにあった自宅が舞台だった。時期ははっきりとしており、留学中の二〇〇八年、一月の休み明けの分析セッションの直前である。それは日本に帰る決心をした直後で、その日、分析家にその決断について話さなければならないと私は思っていた。なぜか場面は台所。台所のオーブンの前に私の子どもが三人、巨大な鍋を囲んで何かかき混ぜようとしている。よく見ると大きな鍋は真っ二つに解体されていて、ちょうど半円筒形になってしまっている。子どもたちは、その鍋にはまだおいしいラザーニャが残っているし、温めればまだ食べられるから、と私に説明する。残りの半分はもう食べてしまったようである。確かに半円筒の鍋には一見して冷えたものだと分かるラザーニャがぎっしりと層をなしていた。その時点で私は後ろに誰かいることに気がつく。初老のイギリス人男性だった。私はその人に朝食を振舞うことを思いついて、オーブンに火を入れる。子どもたちは大喜びで、「温めたらまたおいしくなるよね」と口々に言う。妻が半円筒鍋にチーズを振りかけてからオーブンに入れてくれる。ここではじめて、私はその初老のイギリス人が自分の分析家であることに気がついた。すると分析家は、「先に行ってますよ」というように目配せして二階に上がっていく。しばらく私は火の入ったオーブンを眺めている。気づくと時計は八時五十六分を指している。その日の分析セッションが八時五十分からであったことを思い出し大慌てで準備する。もう六分も過ぎている、遅刻だ、とかなり焦っている。しばらくすると自分はもうあと三カ月で分析を終えないといけないのだとあらためて実感し、切なさをかみしめ始める。とてつもなく大切なものを失おうとしている。そう感じると涙が止まらなくなる。目がかすむ。かすみ方に反比例して意識がクリアになって戻ってくる。泣いている自分に気がついて、ああ二年も前に分析は終わっていたじゃないかと気がつく。そういう夢であった。

こんな夢をあなたにお話しするのはお恥ずかしいかぎりだが、それでも久々に衝撃的な夢であったことは確かである。夢がちゃんと仕事をしていたように感じて、なんとなく嬉しかった。しかし当初、衝撃と切なさを味わうばかりで、その意味がすぐには分からなかった。でもしばらくして、私の月曜日の分析が八時ちょうどからだったことを思い出すことで夢の仕事内容が腑に落ちるものとなった。夢の中では、それが八時五十分から始まるセッションになっていたわけで、分析が終わってから始まる分析だったということになる。つまり帰国している「今」なのだ。冷えた層状のラザーニャを温め、自分の心の中にいる分析家と分かち合う、精神分析・ラザーニャは、半分は食べてきたが、残り半分は鍋に冷えたまま残っていた。これは私自身の実感するところと一致している。半分は自分で、ということかと思うと少し寂しいけれど、この夢でやっと分析終了後の自己分析プロセスに灯が点ったのだと思っている。実は、これ以外にも私の個人的背景に関わる事情と情緒がこの夢には色濃く表れてもいるのだが、そこはご想像にお任せしようと思う。
では、あなたにはこれから精神分析の四方山話につきあってほしい。

パート I

比喩と揶揄

——訓練分析が必須なわけ

たとえ話の皮切りに、まずは口からということで料理を選んでみた。でも料理で重要なのは口よりも舌である。ここがエサと料理の分かれ道だと思う。

さてあなたはイギリスで食事をしたことがあるだろうか。やはりまずい。日本人なら誰もが同意してくれるだろう。どうひいき目に見てもまずいのである。ちょっと物知り顔の紳士なら、ロンドンにもおいしいものがありますよ、と言っていい店に連れていってくれるかもしれない。なるほど結構うまい。しかしこれは、全くもってロンドンのスタンダードではありえない。

ロンドンに移住した当初、私は「こんなはずはないだろう」と思っていろんなところを探し回った。あげくには少しくらい値が張ってもいいからと思って高いレストランなんかに行く。でもやはりまずい。高くて思わせぶりなぶん余計に腹が立つ。

この頃からすでに私は、精神分析を受けるために、ほぼ毎日分析家のところに通っていたが、カウチの上では料理に関する文句ばかり言っていた。連想というより苦情である。分析家は決まって、あなたは私の解釈の味が悪いと思っているとか、期待はずれであるこの分析に腹を立てているとか、うまいものが出てくるのをただただ待っているだけのようだ、などと解釈する。腹が立つことこの上なかった。まずいものはまずいのだ。しかしながら、今思うとこの分析の始まりは決してまずいものではなかった。「本当のこと」は常にうまいわけではない。料理はことごとく口に合わなかったが、風景と建物はなんともいえず美しいという感動を実は味わっていた。しかしその美しさと感動の中にいる自分自身には気づくことができないでいた。

ロンドンは舌で味わうところではなく、目を楽しませてくれる街なのである。そのことにはおそらくどこかではじめから気がついていたのだが、私がロンドンの美しさにあらためて出会うのは、それから二年以上先のことになった。二年以上経ったその頃には、なんとなくもう半分終わってしまったなという実感が伴っていた。そういう時期だったからこそロンドンの美しさにふれることができたのかもしれないし、ただ感傷的になっていただけなのかもしれない。でもやはりロンドンという街、英国という土地は、やたらと美しい。特に春は美しすぎるといってもいい。

ロンドンの九月はちょっと寒くなり始めて、緑は少しずつ枯れ、独特のしめった匂いがした。なんとなく冬の足音が聞こえる。この憂鬱が実は儚く美しい。紅色の日本の秋とは違っている。そういう意味ではロンドンに秋はない。夏と冬が重なりながら入れ替わるのだ。はっきりと違った空気が同居する時期である。秋のアイデンティティはロンドンでは必要ないのかもしれない。ほめすぎると苦しくなるから、まずい料理に戻ろう。

さて、ロンドンにいると、もうこちらがまずいものに慣れるより仕方がないのだ、とあきらめるまでには相当な時間がかかる。日本人だとだいたい二年くらいはかかるだろう。そしてなんとかおいしく食べられるのは、インド料理、中華料理、タイ料理、イタリア料理であるということを受け入れることができるのもこのくらい経った頃である。ちなみに、タイ料理は辛いがかなりおいしい。おそらく日本で食べるよりもうまい。フランス料理は、なぜかわざわざまずく作ってある。意地のようなものだろうか。ロンドンにはベジタリアンが多いのにも閉口する。ベジタリアンに関しては、あまり悪く言うと十倍になって返ってきそうなので批判しないでおく。ちょっと怖い人たちである。

さて、たとえ話の舞台はロンドンの回転寿司店である。私がまだロンドンに住む前に話は遡る。経済的にも年齢的にも自分にはそれほど時間がないだろうと私は思っていたので、ロンドンに留学する前に分析家とあらかじめなんとかコンタクトをつけたい思いで、実際の留学の半年ほど前、一週間ほどロンドンに滞在したことがあった。三日もすればフィッシュ・アンド・チップスとケバブそしてピッツァには飽き飽きしてしまう。ホテルの地下部分にあるデパートの食品売り場で回転寿司バーを見つけた。これ幸いとばかりに入って食べる。高いことにびっくりする。当時一ポンド二百円くらいだったので一皿千円を超えている。口に入れてもっとびっくりする。

そもそもネタはサーモンばかりで、変わり種としてマカレル（さば）やマグロ（といってもシーチキン）があるくらいだが、マカレルは燻製である。木の焦げた薫りは寿司には全く合わない。さらに寿司飯の酢には、西洋のビネガーを使ってあるようだ。やたら酸っぱいし変な香料の味がする。さすがに吐き出すのは失礼だと思って、どうしようかと迷っていると口の中で米がぱらぱらと分解する。魚と酢と米とわさびがそれぞれ別個になって、混ざり合うことなく口の中で共存している。まるでロンドンの秋の空気のようだ、といえば聞こえは良いが、要するに食べられたものではない。

これはいったい何なんだ。これならまだましかと、サーモンの鉄火巻きを口にする。これまた寿司とは呼べない代物である。ひどいと思って板前さんを見る。それらを食べるまでは、私は彼が日本人だと信じ切っていた。でもやたらと英語がうまくて、愛想が良すぎる若者である。クビのあたりに下手くそな入れ墨が見えている。日本人ではありえないことが認識できる。耳にはたくさんのピアス。実は中国の人のお兄ちゃんである。

アンタ日本人だろう、寿司は好き?と私に聞いてくる。複雑な気持ちで、ああ、大好きだ、日本人だからねと答える。「僕は日本の寿司を食ったことがないんだよ、いつか本当の寿司を食ってみたいなあ、うまいんだろうね」。不思議と腹は立たなかった。

なんともほほえましいというか、ばかばかしいというか、そういう経験だった。寿司を食ったことがない人が握る寿司は寿司ではないと言ってしまいたくもなるだろう。でもやはり寿司は寿司だ、とも言えるのかもしれない。これがたとえ話である。自分が精神分析を受けたことのない人が、精神分析的心理療法をやるとこうなるかもしれない、と言いたいがためのたとえである。寿司を食えば寿司が作れるというほど寿司作りは甘くはないだろう。だが、寿司を食ったことがなくにぎる寿司は寿司なのだろうか。寿司寿司と言ってるとだんだん腹が減ってくる気がする。こんな話を続けるよりも、まともな寿司を食べに行く方がよっぽど口に楽しい。

私は精神分析を受けたことのない状態で、かなり長いこと精神分析的心理療法と自称しての精神療法を病院臨床の一部として行ってきた。スーパービジョンすら受けないでいたときも入れると七、八年はそういう状況だったような気がする。スーパービジョンを受けるようになると、やはり今から思っても分析的プロセスがしっかりと展開して、ある種の衝撃と驚きに目を見張った。スーパービジョンに通うたびにその的確な指摘によって目から鱗が落ちる。しかしながら、スーパーバイザーの言うとおりばかりしていては、患者と分析プロセスとにおいてきぼりにされてしまう。実際そうなっていたと思う。分析プロセスに対する理解がワンテンポずつ遅れるのである。これがスーパービジョンだけで行うセラピーの限界である。寿司のたとえを引っ張ってくるまでもなく、分析も受けずに行う分析的セラピーがいかに心許ないものなのかということは想像できるだろう。しかしこれが精神分析的心理療法ではなかったというつもりはないし、実際精神分析的プロセスが展開していた。じゃあ、分析を終えてからやっている今と、スーパービジョンだけだったその頃との違いはいったい何なんだろうか。それは本質的な違いなのだろうか。私は根本的に違うと確信しているが、「まず分析を受けるしかないですよ」としかあなたに言えなくなってしまいそうで口をつぐんでしまう。これでは、このような文章を書く意味は全くなくなってしまう。寿司についてあれこれ解説しているうちにまどろっこしくなって、「じゃあ今から食いに行こうよ」と言うようなものである。でもそれしか手がないような気がしてきた。

さて、回転寿司は今やある種の国際的食文化であり、文化的価値である。もはや日本に限定されたものではなくなってしまっている。そういう普遍的価値という意味では、たとえば柔道や空手などの武道が世界の様々なところで行われている状況に似ている。また、行列のできる街のうまいラーメン屋がチェーン店化していく状況にも似ているかもしれない。そこには価値として何が抽出され保持され広められているのか。このように拡大していく過程で何かが失われることばかりを嘆いていても仕方がないのかもしれない。しかしながら、米と酢とネタがあるからといっても、それを握る職人がいなくては寿司にはならないという事実には論駁の余地はなかろう。ロンドンで回転寿司を食べてみるといい、一目瞭然である。

精神分析を受けずに精神分析的心理療法を行うセラピストは、思うに、ロンドンで出会った回転寿司店の中国人青年が私にもたらした感覚を、自分のクライアントに味わわせているかもしれないことを想定しておくべきである。患者の方が確実に精神分析についてよく知っているという状況になってしまっているのだ。かなり滑稽な図だが、患者がそれだけ寛容であれば、分析過程を目の前に繰り広げて見せてくれるかもしれない。そのような患者に出会うことで、あなたはもしかしたら精神分析を受けなければと思うかもしれない。私自身は少なくともそうだった。

私はロンドンに渡る二年ほど前に、スーパーバイザーの指導のもと、一人のヒステリー女性に出会った。彼女は十六歳のアドレッセントだった。私は彼女に出会い、はじめて精神分析プロセス、転移過程にじかにふれた感触を味わった。実際の面接場面では彼女の転移に直接ふれられぬこともしばしばだったが、毎週通ったスーパービジョンによって自分が何にふれているのかを時間差で理解した。しかしながら、それはテンポのずれた理解になりがちだった。また、今にして思うとそもそもの構造が間違っていた。彼女はおそらく週三回かそれ以上の頻度の設定によってしか転移プロセスを維持できない患者だった。彼女は人のよさそうな彼氏を見つけるというアクティング・アウトのあとドロップアウトした。一年半のセラピー過程だった。私が彼女を理解したその深さや適切さよりも、彼女が私に見せてくれたセラピーのプロセスの方が圧倒的に精神分析的だった。それはある種のアートだったと思う。そして彼女よりも私の方がそのプロセスの美から恩恵を受けていた。これでは、素人である。やはり、精神分析を受けるということなしには、精神分析の現場における相互的恩恵はもたらされないのだと思う。精神分析は治療である前に、相互性のアートなのである。この治療者患者カップルの力のバランスがあまりにもどちらかに偏っていると危険だと思う。回転寿司屋にも必ず一人は経験を積んだ寿司職人がいてほしい。

精神分析はムーブメントなのだろうか。確かにフロイトだって、創造性の頂点にあったと思われる一九一四年に、何を考えたのか「精神分析運動史」などという文章を残している。精神分析サークル内外の確執を吐露したこの文章から、真実に耐えられなかった腰砕けの師匠たちとの決別、あるいは自己顕示に駈られて離反した弟子たちへの呪詛といった顕在内容ばかりでなく、社会や人間関係の中で、そして何よりもフロイト自身の心の内側で精神分析という一つの価値が生き残るためになされてきたすさまじい苦闘を読み取るのはさほど難しいことではない。精神分析運動史などと銘打たれているものの、要するに「精神分析――私のサバイバル」なのである。フロイト五十四歳、自分はもうすぐ死ぬかもしれないとでも思ったのだろうか。

精神分析がある種のムーブメントであり、集団によってしかわれわれは生き残れないということを今さら否定するつもりはさらさらないが、ムーブメントは精神分析の場合、それを支える一人一人が精神分析的に「生きて」いてはじめて成立する、ということを忘れるべきではないと私は思う。「精神分析的に生きている」というのはいかなることなのか。ここでは精神分析を「生き物（creature）」にたとえてみたい。というか、精神分析がムーブメントである前に生き物なのだと私は確信しているので、これはすでにメタファーではないかもしれない。

さて、週五回の精神分析を受け始めてしばらくすると、あなたはおそらくうんざりしてくる。何にうんざりするかというのには様々あるが、その一つにおそらく予想不能性がある。それは期待はずれや失望かもしれないし、無闇に小突き回されているような感覚かもしれない。自分の期待とは違う動きをする何かに否応なしに出会ってしまっているという感覚である。これを精神分析家たちは、転移プロセスと呼ぶのであり、フロイトが無意識と呼んだものの一つの現れである。「他人のように振舞うその扱いにくいものこそあなたの無意識だ」と。

何かの連想や、夢や、日常の出来事などをカウチに横になって話すという作業には少しずつ慣れてはきても、これらに対する分析家のコメントにまずもって慣れることはない。ほとんどのコメントが予想外なのだ。こういうふうな連想をもっていったら、こういう解釈が返ってくるだろうと思っていたら、全く違っている。この人本当に分かっているんだろうか、何をわけの分からんことを言っているのか、もう少し普通に考えられないのか、等々という気持ちがわき起こってくるだろう。しかしながら、予想どおりのコメントが返ってくる分析というものがあるのなら、それはどこかが間違っているか、あなたがこの上なく病的なのかどちらかである。病的というのをナルシシスティックと言い換えることもできるかもしれない。これはこれでやっかいな問題だが、ここでナルシシズムにはあまりふれないでおきたい。

さて、こうしてはたと気づけばあなたの無意識は分析プロセスとして息づき始めている。生まれ出てしまったものはどうあがいてみても生きているのだ。この生き物がやっかいなのは、死なないということだ。「生きない」ことや「死に続ける」ことはあっても死んでしまうことはない。これはあなたが腹を立てて分析をやめてしまおうが、不幸にも何かの都合で中断しようが、あなたが生きているかぎり、いやもしかしたら死んでからも、どこかにあり続けるかもしれない。その住処はあなたの無意識であり、分析家の心の中であり、あるいはどこか別のところかもしれない。この「どこか別のところ」を「精神分析ムーブメント」と呼ぶ、というのであれば私はもう少し納得できるような気がする。

とはいえ、精神分析プロセスが死なないというのは究極的な意味でそうなのであって、それを生き物にたとえるのであれば、その個体は必ず死ぬ運命にあると想定しなくてはならない。どうも矛盾したことを言っている様子だが、人の心というものはそもそもそういうものだと思う。魂といってもいいかもしれない。人が生きているかぎり心はあり続けるが、ちょっとした間違いによって心は儚く死んでしまう。しかもそういう意味ではこの精神分析プロセスという生き物はかなり儚い。飼育するためには常に神経をとがらせている必要があり、献身的な世話が要求される。これは事実と呼ばれる領域に属した特性であり、どうがんばってみても変わりえないということを受け入れる必要がある。空気の中で生き続けることのできる魚はいないし、沸騰する摂氏一〇〇度のお湯の中で泳ぎ回れる魚もいない。

さて、どんなに不愉快でもなぜかあなたは週五回分析家のところに行く。なんでこんなことのために通うのかと腹が立つのだが抗えない引力がある。なぜなら分析家はあなたの無意識にふれているからであり、あなたの転移過程を掌握しつつあるからだ。この転移過程は動物にも植物にもたとえることができるが、ここからは植物で行きたいと思う。

そもそも転移というプロセス自体いかにも植物的である。水や肥料をやらないと枯れてしまう。週五回という設定が至適環境である。しかしながら、なんとかこの植物が枯れずにすむギリギリの環境条件について、この百年間模索され続けてきた。行き着いた限界が週一回である。しかしながら週一回という土壌は「荒れ放題のツンドラ培地」であり、「砂漠に緑を」というスローガンが必要な貧しい土である。それでも分析プロセスは茎を伸ばし、葉を広げることもある。

植物のたとえは、特に分析プロセスの初期段階をうまく言い表すことができるのではないかと思う。すなわち、分析を受け始める前後から、「無意識的プロセスの種」が水を得始める。種子が一定量以上の水を得て、適温で一定期間以上経つとどうなるだろうか。当たり前だが、芽が出る。芽が出たが最後、引っ込まない。種子には戻らない。成長し続けるか枯れるしかない。成熟して花を咲かせないと種はできないし、それはもう次の世代なのだ。この種子に対する水と土の役割をするものが、精神分析においてはセッティングといわれるものである。

セッティングというのは、まず分析が行われる部屋と時間、そして一週間における頻度、長期休みの設定、料金である。そして最も重要なのが分析家という人物だ。分析家という人の心の状態(states of mind)とでもいおうか。分析家の心自体が、精神分析プロセス生成のための重要な土壌であり、栄養としての水なのである。そして植物の成長に欠かせない光を照らすのも分析家の心である。

分析家の理解を被分析者に伝えることを解釈というが、この解釈が日光であるというメタファーを用いる分析家がいる。植物の光屈性という現象と精神分析プロセスにおける解釈とを重ねているのである。光屈性というのは植物や細胞の成長方向が光の入射方向に対応して変わる現象を指している。一度発芽すると場所を容易には動けない植物にあって、光屈性は最大限に光合成を行うための適応反応であると考えられている。光屈性には、光を最大限に得る方向へと茎が屈曲するという正の屈性、光の衝撃が強すぎるときに反対方向へと屈曲する負の屈性とがあるらしい。そこにはカルシウム・イオン・チャンネルが制御機構として働いているという。精神分析における解釈の入射角と心の成長プロセスのベクトルとの関係を考えるというのは少々できすぎているが、まことに面白いメタファーだと思う。

精神分析プロセスを植物にたとえたのには他にも意図がある。それは、転移プロセスが発芽するということを自身が体験していない治療者、すなわち分析を受けたことのない治療者が、患者の転移プロセスに出会うときの有様を描写することである。

転移過程が種子植物であるとする。そうすると概ね二つの悲喜劇が分析的心理療法のセットアップ初期に起こりえることに注意を促したい。まずその一つは、転移過程の種子に全く水をやることなく、植物を育てている気になるということだ。発芽していない種子を前にして、「葉が開いた」だの「花が咲いた」だのと幻覚でも見るかのように治療者が患者そっちのけで別世界に行ってしまう。喜劇である。これでは何度会っていても結局何も起こらないので無害かもしれないが、お金を取って行う作業なのであれば詐欺である。少なくとも患者にとっては時間の無駄である。他のことをやればいいと思う。しかしながら、「患者と会っていながら転移過程に水をやらず芽を出さないようにする」、このことが実は治療者の重要な技能にもなりうるということは、もしかしたら特筆に値するかもしれない。なぜなら、この種子のまま保持するという能力がないと、分析的サイコセラピーを始めるかどうかを話し合うということは不可能になるからだ。出会ったあと気づいたら転移過程は芽を出していて、そこで大慌てでプランターを準備、それから水と日光を、などというのはあまり格好の良いものではない。

この喜劇は悲劇になりうる。芽が出ていることに遅ればせながらでも気づけばまだしも、いつまで経っても気づかないことがある。知らずに水をやって発芽させてしまう鈍感な治療者、気づいていても育て方を知らない無能な治療者になる可能性があるのだ。せっかく出た芽をそれと知らずに踏みつぶしてしまったり、発芽したままほったらかしにして干からびさせてしまったり、水をやりすぎて腐らせてしまったり、光を全く当てなかったり、タイミング悪く光にさらしっぱなしにしてしまったり、もうこうなるとどうにも悲劇的である。

もちろん分析過程を自ら経験した治療者が、このような転移の芽をうまく土になじませることができないこともありうるが、うまくいかなかったことを確認できていれば、少なくとも次に出てくる芽を待つことができる。出てきた芽を枯らせない術を試行錯誤し、保護策を考え出せるかもしれない。確かに自分の分析プロセスの芽を自ら摘み取り続ける一群の患者がいる。これが先ほど言及を避けたナルシストたちである。しかしながらナルシストも経験を積んだ分析家が統轄する分析プロセスから恩恵を受けることができる。

分析を受けたことのない人、つまり自分の転移プロセスを経験したことのない人は、患者の転移プロセスが発芽していることに気づけないかもしれないし、枯れてしまったことにも気づけないかもしれない。さらにナルシストたちの行う芽の摘み取りに気づけないかもしれない。こうなると治療者か患者か、そのどちらがプロセスの芽を摘み取っているのかが分からなくなってしまう。これを反復強迫という。

そういう意味では、週一回という設定はこの上なく危険な分析環境であるといえる。なぜなら、分析プロセスが芽を出し、茂ることのできる最低限の環境ではあるのだが、しかし、それは高いセンシティビティを保つことが要求されるがゆえに、いうなれば分析的園芸としては上級者編だからである。週一回の土壌に育つ分析プロセスという植物には、毎回大幅な剪定が必要となるかもしれない。一回に大量の水をやる必要が生じるかもしれない。一週間も空くと何度夢を見るやら分からない。

だが、分析家がちゃんとトレーニングを積んできた人であるなら、精神分析プロセスの品種改良が可能かもしれない。ただ、それは治療者にアクロバティックな仕事を要求する。治療者の心の中に分析プロセスが生きていないとこの仕事は遂行できない。治療者の中にあるべき分析プロセスの痕跡は自分が分析を受けることによってのみ生じる。これを精神分析的対象と呼んでもよいだろう。治療者が自ら精神分析を受けることによって、精神分析プロセスを生きるという経験によって、はじめてこの精神分析的対象は治療者の心の中で命を得て内的精神分析的対象となる。そして解釈という光は、その内的対象からのみ患者に照射されうる。つまり解釈は治療者の精神分析体験によってのみ生きたものとなる。光屈性のメタファーを借りるなら、解釈という光は、治療者が自分の分析体験から得るにいたった内的精神分析的対象という太陽から照射されるというわけである。

精神分析がムーブメントであることは確かだろうが、それが「光がなくても分析過程は育ちます」との妄想的スローガンを共有するようなムーブメントにはならない方がいいと私は願っている。光のないところではそもそも植物としての分析過程は育たないという明白な事実を共有することが先だろうし、治療者自身の精神分析プロセスという植物自体を育てないことには、その内なる光源は得られないということが受け入れられる必要があるのだと私は思う。

第3話●コモン・センス、あるいは臨床家のインフラ――タヴィストックの空気

タヴィストック・クリニックは、ロンドンの地下鉄・ノーザンラインの支流にあたるベルサイズパークという駅から、歩いて十五分ほどのところにある。それは何の変哲もない灰色の建物で、坂道の方に出っ張った建物の先端部に、当時ウィニコットが持ち込んだというあのフロイトのブロンズ像が「考える人」さながらのポーズで鎮座していなかったなら、ほとんどそれは昭和時代の市役所と変わらない造りだった。とにかく愛想がないのである。

ところが、建物に一歩入ると、まずカウンター越しに初老の受付嬢がニコッと迎えてくれ、その横にある書店の小さな出張所の店主が話し相手になってもくれる。いきなりなんだか暖かい空気が流れていてほっとする。この書店、実は世界中の精神分析関連書籍の出版と販売を一手に担う、かの有名な「カルナック」の出張所である。なんともさりげなくて良い。

当時タヴィの建物の各階には、それぞれ対応する一つの臨床研修部門が位置づけられていた。二階には子ども家族部門、三階には私の属していたアドレッセント部門、四階には大人部門がそれぞ

タヴィストック・クリニック

れ入っていた。五階にはなぜか日本人のお母さんがいる食堂とカーペット貼りのホールだけがあって、一階には総合受付と図書館、そして大きめのセミナールームがいくつかあった。どの階にも、おおらかな時間が流れていて、どこからでも知的で好意的な眼差しを感じることができた。

各階ごとにはコモンルームと呼ばれる小さな部屋、つまり休憩室があった。ソファといくつかの椅子、それから水の出るタンクとかコーヒーメイカーなど据えつけてある部屋で、誰でも居座れるいわゆる社交の場だ。自分の所属するワークショップのセミナーリーダーはどうだとか、あの人の分析家は誰々らしいとか、自分は分析家からこんなことを言われたとか、そうしたいわゆる噂話や愚痴の場であり、乳児観察者を受け入れてくれる家族はいないだろうかとか、課題論文をどこまで書けたかとか、そういう学生たちの情報交換の場であり、あるいは出会いの場、そして不安を分かち合う場でもあった。と

タヴィストック・クリニック，フロイトのブロンズ像（画面中央）

きにはオーペアなどの住み込みバイトを探している学生とか、ルームシェアの相手を募る学生などもいたので、そこにはどこか学生生活協同体といった空気感があった。

もちろんそれだけではない。コモンルームの壁にはトレイ状に仕切られたラックが並んでいて、タヴィストックで働く臨床家たちがアドミン・スタッフ、つまり事務方とのメッセージなどやりとりするポストのような機能を果たす名前付きの引き出しが、ところ狭しと並んでいた。そこには患者からの連絡メモなどが入っていたり、来週から誰々さんを担当してくださいとか、ケース・コンサルタントは誰々先生ですなどという、患者を振り分けるメッセージもその引き出しに入れられる。だから自ずとコモンルームでは、その場に居合わせた臨床家たちが自分の経験について、その場にいる人を捕まえて、「あの患者、こんなこと言ってきたのよ、あなたどう思う？」などというやりとりが自然に生じる。でもそこは、別に騒がしいわけではなくて、むしろどちらかといえば静かに臨床家たちの不安とか戸惑いとか、期待とか安堵とか、そうした切実な情緒が息づいていて、そしてその場にいる人にそのことを聞いてもらえるような、心の臨床の最前線のようなところだった。そこで自然と生じる対話は、ワークショップとかカンファレンスとかいったある種フォーマルなものとはかなり違ってより親密であり、そこから臨床家たちが素顔でふれあう心の接点のような空間が立ち上がるのだった。大げさかもしれないが、そこはメンタル・ヘルス・ワーカーたちの心意気が行き交う、とても創造的な交差点といった趣のある場所だった。これもまた臨床家コミュニティの重要なコンテイナーのうちの一つである。

一階にもコモンルームがあった。それは他の階のものとはかなり違っていた。薄暗く空気は淀んでいて、ジメジメして掃除も行き届いていないし、部屋だけ見るとそこはあまり心地いい空間ではなかった。どの臨床コースにも属していない一階にあるせいか、人影もまばらで、何時間経っても誰も入ってこなかったりして、そうなるとちょっと寂しいところでもある。日も差さず一日中薄暗いその空間は、とはいえ外国人留学生であった私にとっては、それなりにリラックスできる場所だった。そこにいると不思議と落ち着く気がした。留学初期には何もすることがなかったし、自分が属しているはずの階のコモンルームの臨床的活気に圧倒されるばかりで、なんだかちゃんと働いていないのにそこにいるのは気が引けた。だから自ずとその一階のコモンルームに行って佇むしかなかった、ということだったような気がする。

でも、ロンドンでの生活が二年も経つと、臨床の仕事はそれなりに忙しくなっていった。それでも私はしばしばそこを訪れ続けた。セラピーのセッションが終わって、図書館でプロセスノートを一気に書き、疲れるとよくその部屋に逃げ込んで、ぼんやり過ごすことを私は楽しみにしていた。ときには、知り合いがふらっと入ってきたりして、孤独で退屈になりすぎることもないし、かといって仕事モードでいなくてもよくて、そこはプライベートともパブリックともいえないちょうどいい空間だった。二年も経つと、その部屋に対する私の感じ方は、初期の頃のそれとはかなり違ったものになっていたのかもしれない。

その部屋を出たところの壁には、創始者とかパトロンとか有名な分析家とか、タヴィストックの創設に関わった重要人物の写真が何枚も並んでいた。その列の中には蝶ネクタイ姿で写るどこかとぼけたビオンの肖像写真があった。その写真をぼんやり眺めながら、私はよく物思いに耽った。思うに、それはとても贅沢な時間だった。タヴィストックを包む独特の空気は、もしかしたらビオンのコンテイナーでできているのかもしれない、と今になって思う。だがその頃、今ほどビオンに関心がなかった私は、自分が何に包まれ、何を吸い込み、誰のおかげでそこにいるのかなど思いも及ばなかった。セミナーやワークショップでは、空気のようにコンテイナーとかアルファ機能とかいった言葉が飛び交っていたが、不思議とビオンの名前を聞くことは少なかった。それはほとんど自明の構成要素だったので、誰も今さら言及しようとしなかったのかもしれない。

さて、その一階のコモンルームには、誰も来なくても実は結構やっかいな相手がいた。いや、あった。ポテトチップスとか、チョコレートバーとか、あるいは一ポンドもする高価な水とか、そうした品物を機械の手で押し出す、やたらとでかい旧式のベンディング・マシーンである。その機械のアームがしばしば空振りした。コインを入れても品物が出てこないのだ。だから馴れた人は誰一人それを使わない。'Gosh!' とか 'Oh Dear!' とか言って苦い顔をしているのは、あまりそこを訪れたことのない人たちである。たいていの人はそこであきらめるのだが、たまには守衛さんを呼んでくる人もいた。呼ばれた守衛さんは、「ああ、まただね」という様子で中からチョコレートを出し、「運がよかったみたいだね。私と話せたじゃないか」とか言ってくれる。その幸運な犠牲者は、守衛さんと二言三言交わす間に機嫌を直している。そこで犠牲者は、はじめて私の方を見て、ちょこっと両肩を上げて見せ、やれやれというジェスチャーをよこす。ハラハラして見ていた私もそんな光景にほっとする、そうした具合だった。

私はあるときこの部屋でのやりとりを夢に見たことがあった。チョコレートバーを買おうと五十ペンス・コインを入れても、例の空振りのせいで出てこなかったのだ。腹を立てた私は、なぜかすでにそこにいた守衛さんに文句を言っている。守衛さんは、諭すように私に言う。「もともとチョコレートバーがここにないのは、あんた知ってるはずだよ。あんた私と話したいんじゃなかったのかい？」と。えっ、と驚いて見返してみるとそこは三階のコモンルームになっていて、ベンディング・マシーンじゃなくて例の引き出しがあって、そこに私は乳児観察に関するメッセージを発見して、なんだか嫌な気分になっている。そんな夢である。現実にもありそうな夢のように思えた。もちろん私はこの夢を分析家に話した。「ベンディング・マシーン・分析家からチョコレート解釈を引き出すのではなく、ちゃんと乳児としてのあなたに届くメッセージがほしいようですね、でも同時に、私（分析家）にあなたを乳児観察させるのはとても不本意でもあって、嫌な気持ちになるので、乳児観察をさせないように私を気楽な守衛の位置におくように振舞っている」のだ、と言われた。図星である。

この一階のコモンルーム、実は結構みんな行っていたのだと気づいたのは、それからかなり経ってからのことだった。そのとき新参者だったフランス人の精神科医ミカエルが、あのベンディング・マシーンにコインを食われたと話し始めたときのことである。「奴は、金取っといて解釈しない僕の分析家みたいだよ」と言ったのである。なるほど、ミカエルと一階のコモンルームでは会ったことがなかったが、その頃すでに私がそこに佇む頻度が激減していたのでそれはそれで当然である。そのとき私は、一階のコモンルームが、みんなが時間差で共有している陰のコモン・スペースだったのだと気づいた。ミカエルもなぜかあの場所が好きだと言った。ともすれば誰とも出会わないところだけれど、みんなそれぞれ訪れて、何か考えたり、ときには守衛さんを呼んだりして、結構大切にしていたのだ。精神科臨床家に心のスペースを提供し、対話を可能にするコモンルームである。それは時々独り言になったり、自分との対話になったりするだろう。でもいつも誰かが見てくれてもいるスペースである。臨床家にとっての個人分析という場所は、一階も含めたこれらのコモンルームのようなところなんじゃないだろうか。

タヴィストックでトレーニングを受けていたとき、別に分析を受けろと言われた覚えはない。でも、思い返すとそれはあまりに当然のことだった。そういえば、当時のチューター、イタリア人精神科医のドメニコ先生は私に一度だけ聞いてきたことがあった。「分析はいつから受けますか？」。私がすでに受けていると答えると、「誰から？」と言うので、フェルドマン先生ですよ、と言うと彼はニコッとして「よろしい、君は幸運だ」と言った。それ以来彼は訓練分析については何も言わなかった。だから私はトレーニングの必要条件として、それを強調されたような気がしなかっただけなのかもしれない。それに、私は当時、自分の分析にうんざりしていたので、ちょっとそれを問われることが不快だったのだ。だから聞かれたくなかったのかもしれない。だが、今となってはやっぱりドメニコ先生に同意する。

周囲にいた精神科医で、とても若いローテーター（ほぼ日本の研修医）を除けば分析を受けていない人はいなかった。ドメニコ先生は精神科医の研修グループのチューターでコンサルタントだった。彼は自分の分析時間の前に陣取っている患者のことが気になって仕方がなくて、待合室から悶絶するような好奇心とともによく聞き耳を立てていたこととか、自分の分析体験についてしばしば小グループミーティングのときに話してくれた。とはいえ、若い精神科医たちに、分析を受けた方がいいよとか言っているのを聞いたことがない。表立って強調する必要などなかったのだろう。それぐらい臨床家にとって、自分が精神分析や分析的セラピーを受けることが、普通のことだったのである。

だが、日本ではそうはいかないだろう。精神科臨床家は精神分析を受けるものだよ、それが精神科医のコモン・センスというものだよというのは、それを提供してくれる分析家が多くはない日本の環境ではかなり難しいのかもしれない。その経験を空気のように提供できる場のポテンシャルを高めるのはこれからの作業である。まずは訓練分析こそ、精神科臨床を支えるインフラなのだ、という共通認識から始める必要があるのだと私は思っている。そして、それがいまや不可能ではない状況に来ていると思う。

最初に聞いておくべきことだったけれど、あなたは精神科医だろうか、心療内科医だろうか、ひょっとすると医学生かもしれない、それとも臨床心理士、もしくは臨床心理学科の学生さん。あるいはソーシャルワーカー、もしかすると児童養護施設の職員さんかもしれない。でも、そうじゃなくても一向にかまわない。むしろ、メンタル・ヘルス・ワーカーじゃない人たちであってほしかったりもする。学校の先生とか、ミュージシャンとかアーティストとか、あるいは哲学者とか。つまりみな、仕事として心を使う人たちである。

とはいえ、職業の共通点を超えて、個人としてのおのおの方にも共有するものがあるはずだ。それはおそらく、臨床研修として訓練分析を受けようとかいう意志よりはむしろ、どこか人生に行き詰まっている感じがあること、だから助けがほしいという心の状態にいることなのだと私は思う。自分にはそういう自覚はないよ、ただ専門家技能の向上に関心があるだけだ、と言われればそれまでだが、少なくとも自分はこのままでいいのか、という疑念をもっているからこそ、気になってこの本を手にとり、今読み進めていらっしゃるのだと思う。あなたにその自信がなくても私が保証する。それが無意識というものなのだから。これに関して私は経験者なので、かなりの自信がある。ともあれ、あなたはこれから精神分析の患者になろうとしている。幸運ならそうなれるかもしれない。

実は、私だって渡英するにあたって、精神分析臨床を学ぶなら精神分析を受けるのは当たり前なのだろう、くらいにしか思っていなかった。だから前もって分析家にアクセスして算段し、ロンドンに移り住むと同時に分析を受け始めたわけだが、果たしてどれほど自分が分析家に助けてほしいと切に願っていたのか、そうした無意識の声に自ら気づいていたかと問われれば、それはかなり怪しい。むしろ私は当時それを、臨床訓練のための「一つのオプション」だと思っていた。少なくとも精神分析の患者になることが訓練の中心軸だなんて思ってもみなかったのだ。もう少し本当のところを告白するならば、それが自分の臨床家としての中心を担っているようだと実感とともに気づいたのは、分析を終えて帰国して五年以上経ってからのことだった。なんとも不思議だが、そうなのだから仕方がない。だから、あなたがそのことにピンときてなくたって、実のところ何の不思議もないし、とても自然なことだとも思う。とはいえ分析を受け始めると、それが訓練のオプションなどでは決してありえないことを否応なしに発見する。そこから分析は始まるのだ。「あれっ、これって自分のことだったんだ」となるのである。あなたの精神分析、これはまるで人ごとではない。考えてみれば当たり前のことなのだが、これって結構大変な発見である。

週末以外、毎日足しげく分析家のところに通い、五十分間カウチに横たわって話をする。分析家の言うことに適当に話を合わせて「テキトー」に連想しているつもりが、たとえば、実は自分がいかに被害的で敵対的になっているかを指摘されたりする。機嫌良く話していると、いきなり'You seem to feel hostile towards me because ~' と来る。「えっ、そうなんですか。そんなつもりは毛頭――」いや待てよ、確かにそうだ。自分は激しく身構えている。そして何よりも、「分析が不快なのだ」と気づく始末である。そうして数日も経たないうちに、愛想良く話すなどという余裕は吹っ飛んでしまう。いや、そもそも余裕などなかったことを分析家の手助けによって発見する。しかもそれを手助けだなんて、全くもって感じられない。そんなふうにして分析は始まる。少なくとも私の場合はそうだった。分析を始めて数週間経った頃、私はこんな夢を見た。

タクシーに乗る。行き先を告げないのに発車する。でこぼこ道でガタガタいってすこぶる乗り心地が悪い。ドライバーが後ろに座る私を振り返り、ものすごい形相の顔を私の顔に近づけてきて眼の奥をのぞき込んでくる。

もちろんその頃の私は、ロンドンでの新しい生活にちょっと興奮していて、いろいろと期待を膨らませていたのであり、自分は心地よく分析を受け始めているつもりでいたのだ。でもご覧のとおりの夢である。これが無意識であり、内的対象関係というもののようだ。これは分析家に指摘され

ハイゲイト——コンサルティング・ルームへの道

てはじめて、「実感するもの」「リアルな体験」になる。自分一人、頭で考えても始まらない、人ごとのままである。そういえば、私は何か都合の悪い解釈に出会うと、「それは先生には関係ないことじゃないですか（It's none of your business !）」などとよく押し返そうとしたものだが、そんなときに分析家は、「いや、関係なくないですね。私のことでもありますね（Yes, it *is* also my business !）」と言った。心の臨床とは要するにマイ・ビジネスだというのである。

こんなふうに自分がしている経験に気づくことはすこぶる難しい。それがどれほど難しいのか、それは気づいてみてはじめて実感することになるわけだが、それに最初に気づいてくれ、気づかせてくれるのが分析家なのだ。気づきとは他者の眼差しとして始まるようである。それが内に宿るとき、人ごとのような現実が、マイ・ビジネスに、つまりリアルになるのだと私は思う。それが内的対象の大切な機能である。

人の心というものが他者から成り立っていて、それは他者との関係のことなのだということを発見したのはメラニー・クラインである。でも、この概念、実感を伴って理解するのはとても難しい。そのことを実感したのは、私の場合、他でもないこのロンドンでの、フェルドマン先生との分析の中でだった。その点、アーティストはすごい。分析を受けずしてそのことに気づいている人たちである。彼らは恐ろしいことに、創作においてなされる「内的他者との対話」によって、それに実感を伴って気づいているようなのだ。だが、考えてみるとそれこそ芸術家であることの条件なのかもしれない。たとえば、椎名林檎は東京事変時代の二〇一二年に「心」という曲を書いている。「心と云う毎日聞いているものの所在だって、私は全く知らない儘大人になってしまったんだ*」、と彼女は唄う。心は他者だと知っているのだ。聞くところによると、この曲は彼女が大事な人たちに誕生日を祝ってもらうおかえしに書いた曲だという。もしそうだとすれば、食道閉鎖症という彼女が誕生とともに出くわした運命的な苦難を思うと、芸術家になるということの意味が開けてくるようでとても興味深い。

私はロンドンに留学する直前と、分析を終えて帰国する寸前にある人物に会いに行った。かのベティ・ジョゼフ先生である。留学直前の訪問はちょうど、クリスマス休暇あたりだった。私はタヴィストックでチューターとなるドメニコ先生と会ってから、ジョゼフ先生のご自宅を訪ねた。と

＊　日本音楽著作権協会（出）許諾第1611263-601号

ても寒い冬の日、慣れないロンドンのどんよりした厚い雲にうんざりする余裕もなく、少しの好奇心とたくさんの不安に駆られて、私は闇雲に歩き回った。その頃はスマホなどなかったし、ただ住所だけが頼りだった。実際にはそれほどでもなかったようだけれど、そのときの私には駅からの道のりが結構遠く感じられ、そのうちどこを歩いているのか分からなくなってしまった。カフェに入って暖をとり、店の人に道を尋ねてからやっと気を取り直して再出発する。クリフトン・ヒルにある先生の自宅兼仕事場を見つけたとき、私はこの上なくホッとした。お隣はメラニー・クラインがかつて住んでいた家だった。白い壁に貼りつけられたブルー・プラークに'Melanie Klein 1882-1960 Psychoanalyst and Pioneer of Child Analysis lived here'とある。なんということだ。

私の旅行カバンには、メラニー・クラインの肖像のデッサンが入っていた。ジョゼフ先生を紹介してくれた当時の日本のスーパーバイザーが、それを土産にと持たせてくれたものだった。私は、あわよくば直接お願いしてジョゼフ先生に分析を受けたいと思っていた。

呼び鈴に応えて出迎えてくれたのは、小柄でとてもスマートなお婆ちゃんだった。そのとき先生はすでに八十五歳くらいだったと思う。三角の高い鼻がそびえる細面の小さな顔、そこから優しい二つの眼がのぞいている。見ようによっちゃ、ちょっとお婆ちゃんカマキリのような相貌である。目尻の深い皺をさらに深くして、ニッコリと微笑みつつ、いろいろ聞いてくれる。上品で気さくな英国レディである。ロンドンに来るっていうけど家族はどうするの?とか、日本で診てる患者さんのことを聞かせてとか、気づけば私は聞かれるままにたくさん話していた。とにかく彼女の前にいると、話を聞いてほしくて仕方がなくなる。話さずにはいられなくなってしまうのだ。自分ってこんなにおしゃべりだっけかなあ、などといぶかしく思った始末だった。だが、こうした描写だけでは単なる土産話にしかならない。実はこの経験、全く別次元で大きな衝撃を伴っていた。こうしたインパクトには不思議とあとで気づくものである。これも事後性（Après-coup）というのかもしれない。

ジョゼフ先生は、その小さな姿には全く似合わないオーラを放っていた。私の先入観がそう感じさせただけではなかったと思う。出会って挨拶をしている最中に、この人はただ者ではないとすでに私は感じ始めていた。握手して、手の大きさにびっくりする。「寒かったでしょ」と言いながら階上にある部屋に通してくれる。壁一面所狭しと本が並ぶ、ものすごく広いコンサルティング・ルームの片隅には寝椅子とアームチェアが置いてある。大きな机の上にはパソコンが鎮座している。メールとか、ワープロとか、先生は当然のようにこなしているようだ。動きと態度が躍動的で若い。時間にすると一時間半くらいだったろうか。いろいろ話したが、最後に言われたことが衝撃的だった。「一つ分かったわ。あなた、精神分析のことまるで知らないようね。だから私が分析家を探して、紹介してあげましょう。決まったら連絡するから待っててちょうだいね」。今思うに、あれはアセスメントだったのだ。あとで気づく不意打ちである。そもそも、精神分析の中での解釈もそんな感じだ。

精神分析のことをまるで知らなかったように、私は自分の心のことをまるで知らなかったのだと思う。まるで知らないとやはりお話にならない。今ロンドンでの分析を終えてまる八年経った時点でこの文章を書いているが、今でも自分の心のことはといえば、やはり少ししか知らないと思う。でもまるで知らないわけではない。今も知りつつある途中だと感じていて、分析が終わってからもその「知りつつある運動」は少しずつ進行している手応えはある。何よりも、自分が心についてまるで知らなかった、ということを今ではよく知ってはいる。これは精神分析臨床を行う上では結構大切なことだと思う。だって、自分の心に知らないことがたくさんあるということを実感するのはとても苦しいが、だからこそ同時にかなり楽しいことでもあるからだ。ましてや、他人の心という謎に出会う驚きは格別である。

精神分析的心理療法らしき設定で治療を、精神分析を受けた経験なくして提供しようとするなら、思うにその治療者は、自分の気持ちもろくに知らずに、他人の悩みにくちばしを突っ込もうなどという無責任なことをしているのかもしれない。「人の気も知らずによく言うよね」、などという批判は自分勝手な人たちに向けて発せられる言葉の定番だが、精神分析の場合「自分の気も知らずによく解釈できるね」となる。まずもって、Mind your own business！である。そもそも、これは仕事（business）であるはずなのに、自分はやったことがありません、じゃどうにも申し開きが立たぬ、のである。

泳いだこともないのにスイミング・スクールで教えているとか、車の運転経験が全くないのに助手席にインストラクター然として座って解釈らしきことをしているなど、危なっかしくもあり、滑稽でもある。スイミングや運転なら一目瞭然で、そんな危なっかしいことをする人はそもそもいないだろうし、万が一そんなことをしようものなら、周りにすぐ止められるに違いない。ところが、それがともすれば精神分析的心理療法では、まかり通ってしまいそうなのは、いったいどうしたことか。

　理由はいくつか考えられる。たとえば、心理療法という分野は、占いのように特殊だからそもそもセンスとやる気があればいいのであって、最低限の作法や理念は本から学んだり、先達からやり方を教えてもらったりすれば、あとはその人のセンスでやれば必要十分だ、わざわざ自分が分析を受けるなどという面倒なことをしなくたっていいのだ、という考えの人たちがいる。こういう人たちは、自分たちはエビデンスなどに全く関心がないくせに、訓練分析が必要というならその「エビデンスを示せ！」などとやっかいな要求をして、分析を受ける必要性に納得しない。だが、こういう人たちに納得してもらうのは、とても骨が折れて結構難しい。なぜならば、この人たちに見えているのは師匠（教祖）のことであり、利益のことであり、不安（症状）の緩和であり、救済であり、集団の運営である。心への関心などどこにも見当たらない。したがって、いくらやる気があるとはいえ、いや、やる気などというものを振りかざすがゆえ、自分のことも他人のことも見えてこない。だから基本的に宗教的になっていくしかない。だから、いつまでたっても個人の心にふれることはないだろう。でもこれとて、少しばかりは社会的に寄与できるものがあって、社会においてある種の役割をもつ営みだと認められるならば、それなりに実効性があるからやっかいだ。こうした疑似心理療法は、精神分析とは関わりがない、いや、少なくとも個人の精神分析とは関わりがない、と思いたい。だが、実際そうでもないから困るのだけど。

それから、心というものは眼に見えない。聞こえない、臭わない、さわれない、だから結構いい加減なことがまかり通ってしまうということがある。表立った証拠が出ないのである。泳げない指導者が見本を見せようものなら溺れてしまうし、教習車ならじきに衝突する。でも心理療法はインチキでもあまり表に出ない。これではすこぶる不利だ。実は「感覚によってはとらえられない」という心のこの性質が最も大きな要因であって、とても本質的なことなんじゃないかと私は思う。でもこれこそが、精神分析の臨床家にとって重要なことでもあるわけだ。訓練分析がトレーニングとして最も重要だと私が主張する理由はここにある。つまり、分析を受けることで、心の感覚器としての「意識」、すなわち「気づき」の能力、あるいは「直観力」、そうした内的真実への気づきをもたらす内的対象の力を繰り返し経験することになるからである。これこそ、ジョゼフ先生が分析家にとって最も大切な条件として掲げた「自分自身と関わる真実への感覚（the sense for the truth in relation to yourself）」なのだと思う。これは自らの心を知ること、つまり精神分析を受けること、この経験なくして磨かれることはない技能である。これこそ精神分析のセンスなのであり、分析者にとってのマイ・ビジネスなのだと私は思う。

パート II

音楽・アート・文学，そして夢の力

さて、これからしばらく精神分析と芸術について考えてゆきたい。まずその手始めとして音楽を選んでみよう。そもそも精神分析と音楽とは一見ほとんど無関係に見えるかもしれない。だが、精神分析を転移・逆転移による人物間のリズミカルな美的コミュニケーションと考え、音楽も音による美と人とのコミュニケーションなのだと考えれば、その二つはともに芸術であるということになる。これはメタファーを超えてある種の命題なのだ。

精神分析が芸術として認識されがたいのは、それが基本的に二者間のプライベート・アートであるという性質によると私は思っている。パブリックになることがありえないのだ。それが文章化され出版されるのは精神分析家同士のコミュニケーションのためであって、精神分析はそこに生きているわけではない。精神分析独自の芸術性はコンサルティング・ルームの中でしか体験されえない。一方、音楽も絵画も文学も演劇も、芸術と呼ばれる営みはどれもパブリックになることを前提としている。言葉を用いる芸術の場合にはいくぶん勝手が違っているかもしれないが、精神分析以外の芸術の場合、基本的には誰が見ても、誰が聴いても、それは五感に対して平等に認識されることが想定されうる。もちろん、個別性や一回性をその本質と見なすことは芸術成立の条件である。芸術作品は再現不可能であり、一人の個人に一回しか起こりえない一期一会の営みだ、というのが芸術の究極的本質である。一つの精神分析プロセスは、一人のセラピストと一人のクライアントとの間にしか起こりえない。昨日のセッションと今日のセッションとは違っている。要するに再現できないのである。そういう意味で精神分析は、茶道などの芸道により近いもので、パブリックにならなくても究極的には芸術なのだといえる。

たとえば、音楽において、録音で聴くのとコンサートに行くのとでは全く違った体験であるというのは確かだし、たとえゴッホであっても同じひまわりの絵は二度と描けないという事実もまた確かなことだ。しかしながら、それには鮮度の違いとでもいえる部分もあって、再生されたものであっても、あるいはレプリカであっても、耳で聞かれ目で見られるかぎりにおいては、感受性のある人にそれらが届くならば、作品は人の心の中で解凍再生され、音楽体験や絵画体験を喚起することが期待できる。聴覚があれば音楽は聞こえ、視覚があれば絵は見える。

だが、こと精神分析に関しては事情が大きく異なってくる。精神分析体験は、音楽のように再現することも、絵画のようにレプリカにすることも不可能なのである。それはなぜなのか。精神分析は聴覚や視覚などの感覚に訴えるものではなく、その本質が人と人、自己と対象との情緒的接触ということと一つに依存しているからだ。この接触は、愛と憎しみに彩られ、知り知られるという視線によって貫かれている。ここで視線と言ったのは文字どおりの眼を使うからではない。「相互に夢を見る」という意味で視覚的だからである。これらの心的接触は、五感すべてが統合された上に生じてくる情動の意味というものによってのみ可能となる。ビオンはこれを冗談混じりにコモン・センスだと言った。これは、言い換えればメタ・センシュアルな体験である。いや、もっと色気のある表現の方がいい。メタ・セクシュアルとしてみたい。だが、これをすぐにスピリチュアルと言ってはいけない。その宗教的神秘的跳躍は卑怯だ。

一つだけの感覚器官の次元に、その営みの基軸をおくことができないがゆえ精神分析は不幸な芸術とならざるをえない運命にある。パブリック／大衆に対して「精神分析をやる」こと以外では、芸術として存在しえないのだ。粛々と目の前の対象との精神分析をとり行うことのみが、その営みを芸術たらしめる唯一の方法となる。それは精神分析が、聴けない、臭えない、見えない、さわれない、読めない、上演できない、要するに一切の感覚器官化と社会化においてとらえられないからなのだ。そういう意味で精神分析はどうあがいたところで芸術にはなりえない。しかしながら、あなたにこの悲劇を受け入れる苦痛を味わう用意があるならば、精神分析はその美しく険しい素顔を見せてくれることだろう。

精神分析の中で、転移という心の芸術的産物は観察され（observe）、感じられ（feel out）、想像され（imagine）、読まれ（read）、解釈され（interpret）、伝達され（communicate）、変形（transform）される。このダイナミズムこそ精神分析という芸術の本質である。これは基本的に情動を仲立ちにしており、他の芸術のように一つの感覚を軸にはしていない。

では精神分析は本当に五感を超えてしまっているのだろうか。情動というのは感覚とは無関係なのだろうか。クライン派の精神分析家ハーバート・ローゼンフェルドは、精神分析を実践し学ぶ人たちに向けて「患者という音楽を全身で聴け」と言った。「患者の話を聞け」ではなく。これはビオンが詩人キーツの発想を借りて、分析家の開かれた感受性を「ネガティヴ・ケイパビリティ」と表現したのと同じことを言っているのだが、それ以上により実践的である。精神分析は五感のすべてで情緒的意味を聴くという作業なのだ。

これらの事実から、コンサルティング・ルームでの分析体験は、精神分析の文献を読むことで得られる体験とは本質的に異質であるということが分かるだろう。私は、本を読むことで精神分析を体験することはできないと断言する。精神分析の文献を読んだところで、精神分析を体験したことがある人にしか、その体験は立ち上がらないからだ。

ここで一つ目のたとえ話をもってきたい（やっと、ここではじめて音楽である）。精神分析の文献から、精神分析体験を知ろうという所作が不可能なのは、音楽を素人が楽譜からは体験できないことに似ている。音楽が心の中のコミュニケーションにまで高まった人にだけ、楽譜は音楽を伝達することができる。音楽を高度に演奏できるところまでトレーニングを積んだ人以外が、楽譜から音楽を知り体験することができるだろうか。ベートーベンが聴覚をほとんど失ってからも作曲し続けることができたのは、彼に楽譜という音楽的コミュニケーション方法が残されていたからである。

しかし、「楽譜を読める音楽家たち」という媒体なしには、彼は自分の心の音楽を聴かせることはできなかった。それは楽譜を音の世界に変形する機能が介在してはじめて可能になったのである。楽譜を読むことで、音楽を立ち上がらせることができるのは、その人が自らの音楽体験、音楽を再生できる内的対象をもっているからであり、それは音楽を演奏することに習熟してゆくプロセスで培われたものであるはずだ。

精神分析の文献は、一見学術的・芸術的なスタイルを保持していて、概念や着想、あるいはものの見方を文章それ自体として伝達しているように見える。そういう意味ではある種のアカデミック／アーティスティックな文章として読んでしまえるものである。いや、あるときには文学的でさえあるかもしれない。しかしながら、精神分析の文献が擬似文学であろうとしたり、芸術批評然として作品を精神分析しようとすると、かならずや失敗する。フロイトの「レオナルド」や「グラディーヴァ」あるいは「ミケランジェロ」は精神分析家たちには大きな歴史的意義をもつ貴重な文献なのだが、芸術家やその批評家たちにとってはなんら価値をもたないだろう。これはフロイト以降、より尖鋭化していった傾向である。誤解を恐れずにいうならば、フロイトの文献はそれ自体で芸術的でありえた。「精神分析を為すこと」以外に大衆に対して発信することがたくさんあったのだろう。だが思うに、これはフロイト自身が自分の発見した方法に従った精神分析を受けたことがない、という事実に起因しているかもしれない。

後の精神分析家の文章は、サークル内の回覧文書のような性質がより顕著になり、読み手の精神分析体験から得られた精神分析的内的対象という装置が作動することを前提条件にする傾向が強くなっていった。そういう意味では、精神分析の文献が、精神分析的な意味を伝える際には、受け手の精神分析体験の助けを借りねば意味の伝達と喚起とがなされえないということが暗黙裏に想定されているのだ。つまり、精神分析の文献は今では暗号化されている。したがって、それらは小説や戯曲など文学において文章という媒体が果たす役割とはかけ離れており、むしろ音楽における楽譜という媒体により近くなったのだといえる。ただ、楽譜ほどぶっきらぼうではなく、言語さえ知っていればそれなりに意味を運ぶように見えるがゆえ、分かったような気にさせてしまう危険が大きくなる。騙し絵なのだ。

分析を受けたことのない人がそれを読むとき、騙し絵の一方のパースペクティヴにしか気づくことができない。もともと反転可能なパースペクティヴとして発信された文章群が、反転されなくなってしまう。精神分析の文献は一見、たとえば英語で書かれているように見えても、それは仮の姿なのだ。つまり、それは分析体験という言葉（媒体）を必要とし、それによってのみ解凍されるもう一つのパースペクティヴをもっている。

ある場面を想定してみよう。分析体験のない治療者が、精神分析の文献を読んで刺激を受けたつもりになり、それを実際のセラピーで応用しようとする場面である。たとえて言うならば、これは楽器の演奏もしたことがなく、譜面も読めない国語の先生が、楽譜を見ただけで音楽を聴いたと勘違いし、楽器の演奏を習いつつある患者という音楽家の卵を指導している、という困った図になる。

さて、このように揶揄してばかりいても始まらない。音楽の話と言いつつ、いささか非音楽的になってしまったことをお詫びしたい。あなたを置き去りにして、ルバートで延々と前口上をやってしまったようである。

あなたは音楽が好きだろうか。私は大好きである。どれくらい好きかというと、もしかしたらこれに関しては、私よりも妻に聞いてくれた方がいいかもしれない。彼女は私の「ジャズ狂い」の犠牲者である。愛に犠牲はつきものだが、やはり無責任きわまりないとも思う。

だが、残念ながら自分が精神分析を好きなのかどうか今のところよく分からない。音楽をいっときも嫌いにならなかったミュージシャンは少ないだろう。それを真に追究しなくてはならなかったり、それで生計を立てなくてはならないと、たいていの人たちはその活動を好きではいられなくなり、大いに悩ましい状況に陥る。仕事が大好きだなどという脳天気な人はそう多くはないというのはどの職業にも当てはまることだろう。が、私が精神分析を好きかどうかよく分からないのは、そういう事情からだけではない。ただ、とにかく精神分析を面白いと思っているということは確信をもって言えるのであり、それこそが自分を牽引している力だと思っている。

音楽は基本的に楽しいいし、とにかく面白い。精神分析は楽しくないかもしれないが、面白いという点では音楽に通じるものがあると私は思う。音楽は躍動とスリルと驚きをもたらしてくれ、作曲者や演奏家の心の状況が聞き手に何かを喚起する。精神分析も「喚起する」ことは間違いない（多くの場合は「躍動」ではなくて「不安」なのだが）。マイルス・デイヴィスは、なぜジャズは面白いのかと聞かれたとき、「人に無邪気な驚きを引き起こすなんて他にはないからね」というような意味のことを言っていた記憶がある。彼にとって音楽が伝えるべきは「なんだこれ！」という驚きを伴った高揚だったようである。やはり楽しい。

音楽家にはおおざっぱにいって三種類の人種がいる。私はジャズ好きなので、ジャズを例にとってみたい。関心のない人には退屈かもしれないが少しつきあってほしい。さて、人種とは言ってても、これは黒人と白人という単純な区別では決してない。言葉としてすっきりと割り切れるものではないのだけれど、まずは「創造者」と「求道者」、そして「職人」と言ってみたい。この三者はそれぞれのミュージシャンの中で、いろんな割合で共存しているものだが、それでもどれが優勢であるかということで、ハッキリと感じが違ってくる。最後の「職人」というのは伝統と歴史を守るということでとても大切な人種ではあるがここでは論じない。前二者について考えたい。

マイルスは明らかに創造者の代表である。その演奏はどこまで行っても楽しく驚きに満ち、緊張感はあるが苦しくはない。求道者の代表は、コルトレーンである。楽しくないが、どこまでも美しい。ある種の「究極」を常に追求する。だから当然苦しい。

あなたが、そこそこのジャズ好きであるならば、マイルスの『プラグド・ニッケル』（一九六五）

のライブを聴いてみることをおすすめしたい。確か七枚組か八枚組かで連夜のライブのすべてが収録されたものが発売されている。トニー・ウィリアムス、ロン・カーター、ハービー・ハンコック、ウェイン・ショーターにマイルスという第三黄金期クインテットである。そこで繰り広げられるのは即興演奏の限界、究極の創造的作業なのだ。連日同じ曲が演奏されるのだが、そのすべてが芸術的進化のプロセスを体現し、全く違ったものを喚起する。ここだけとると、「週五回受ける五年目の精神分析の、ターニング・ポイントを形成する一週間の記録」といった感じである。うごめく創造性とでも言おうか、うまい表現とは言えないが、自分のどこかが狂ってくるような興奮に襲われる。そう、マイルスのような「出会い」と「コミュニケーションの場」の可能性を最大限に引き出そうとする芸術家の場合、聴き手を一過性に狂気へといざなうのだ。壊れる感じと、つながる感じが同時に体験される。これが精神分析体験と非常に似ていると私は思う。これはビオンの言うコンテイナー・コンテインドなのではないだろうか。

近年日本において氾濫し始めている（ちょっと大げさか？）ビオン理論紹介書においては、このコンテイナー・コンテインド・モデルは、「原初的情動体験を包み込むことで意味を発見する過程」だと強調されるが、実はそれですべてではない（実は私もどこかの雑誌か何かにそういうことを書いた記憶があるので共犯者なのだが、でもあなたはそういう教科書をあまり真に受けない方がいいのではないかと思う）。それらには、マイルスが喚起するような「狂気／創造」の視点がほとんど欠けていると私は思う。ビオンの原典を読めば、それつまり狂気（madness）は一目瞭然なのだが、その臨場感を「解説書」が運べるはずもない。「私はビオンをこう読みました。こう感じました。好きでした、嫌いでした。吐き気がしました。めまいに悩まされました」というような表現の方が、分かったようなことを言うよりもよっぽど正直だと思う。ビオンの著作を解説すること自体さっぱり面白くないのであって、私がこうしてマイルスについていい加減なことを言うのとさほど変わらない所作なのだ。話が脱線してしまった。

さて、マイルスはこの黄金期クインテットを作り上げるときメンバーたちに連日連夜、延々と自分抜きで練習させた。マイルスは彼らに練習場所を提供したが、自分は一日一回短時間だけしかそこには姿を見せない。そしてたまに現れたかと思うと、変なことを要求して帰るだけで練習には参加しなかった。「お前たちがソロをやるときに、お前ら一人一人の中で、俺がやるだろうなと思うことをやれ」。要するに「演奏のときに自分自身であることをやめろ、俺になれ」というのである。これは普通に聞くと非常に専制的でナルシシスティックなリーダーの要求である。だがこれによってこのバンドの創造性が著しく高まった。マイルスが要求していたのは、決して自分を模倣せよということではない。その言葉を有能なメンバーたちがそれぞれ自分なりに消化していった。想像するだけでわくわくさせるプロセスだ。ここでのマイルスは分析家のようだとさえ私は思う。マイルスが要求していたのは音楽における自由連想なのである。

メラニー・クライン的な視点がここにはある。すなわち、「創造性は対象にあり」と言っているということだ。少なくともメンバーにはそう伝わっていたのではないだろうか。マイルスだったらこうするだろうということを、自分のソロの場面でやる、それは強烈な同一化の過程を産むことになるが、メンバーたちの瞬間瞬間の出会いを純化し、内的対象への同一化過程を促進する。「俺がやっている」という自己中心性から解放されることでのみ人は創造的になることができ、創造性は内的対象によってもたらされるということなのだ。これがミュージシャンの「忘我」の正体である。取り憑かれているように見えるが、これは占領されているのではなく、内的対象からの美の享受なのだ。ミュージシャンたちはこういうプロセスを「ミューズ（美の神）」が降りてきたと経験するのだろう。ここでの同一化がうまくいかないと、病理的（ヒステリー的）「かのような同一化」もしくは犯罪的「侵入的同一化（病理的投影同一化）」になってゆき、同一化が自己の喪失と分裂、そして倒錯化につながることになる。

では、次に求道的タイプの巨人、コルトレーンである。私の周りのジャズ好きの人たちの中で、「究極追求型の聴き手」のアイドルはほとんどの場合コルトレーンである。このタイプを好む人たちは常に本物を目指し、常に何かとんでもない驚きを期待している。もう一つ特徴的なことは、'All or nothing'の傾向のため、どこかで急にジャズ・ファンをやめてしまうということがしばしばあって、ある種のブレイクダウンを起こすリスクがあるということだ。

ジョン・コルトレーンは一期と二期のマイルス・バンド黄金時代の立役者のうちの一人だった。第一期（マイルスのアルバム『リラクシン』『クッキン』『ワーキン』『スティーミン』などの一九五〇年代後半の録音）では、彼が三十歳くらいだったこともあり、いくぶんその演奏はたどたどしい。

が、その後マイルスに触発されて、次々に音楽的革新を成し遂げ、求道的テナーサックス奏者として、常に前進し続けた。

通常、スタンダード曲のコード進行に乗せて独自のアドリブを展開するというのがモダン・ジャズのフォーマットである。初期のコルトレーンのソロ展開はコード進行を限界まで細分化するビバップの手法をさらに推し進めたものであり、その上に変則代理コードを乗せてゆくというものだった。そこではコード進行がいわば数学的に微分されたようになり、そのままではかなり違和感のあるメロディになってしまう。人の耳がついていけないのだ。それをコルトレーンはスムーズに聞こえるように、音数を多くして超高速で演奏した。ある種の錯覚を利用しているといえるかもしれない。３Ｄ映像のようなものだ。これをシーツ・オブ・サウンドの時代という。きらびやかな音の氾濫のような印象を与えるが、そのスムーズさはクリムトの細密画のようであり、究極の内的リアリズムがそこには感じられる。

一九五八年頃、コルトレーンはバンドのメンバーとしてマイルスの跳躍を目の当たりにした。それはコード進行の分解という細分化された次元から、横のゆったりした動きへの変換、つまり調性を重要視したより自由な時空を表現できるモード奏法の確立である。マイルスはそうすることでコード進行の縛りから自由になった。究極の聴覚的連続性という二次元的世界から、視覚と空間感覚を伴った色彩的遠近法世界（三次元世界）へとマイルスは移住したのである。

コルトレーンはすぐさまそれを自分のものとし、独自のモード奏法を探求してゆく。とにかく彼は研究熱心でコンサートの合間ですら激しく練習に励んでいたらしい。練習の虫である。対照的にマイルスはほとんど楽器の練習をしなかった。後日、十七歳だったドラムのトニー・ウィリアムスが、「なんで練習しないのか」とマイルスに噛みついたとか。そういう人だったようである。

コルトレーンは自ずとマイルスから自立していった。一九五九年頃である。一九六〇年にはコルトレーンは記念碑的アルバム『ジャイアント・ステップス』を録音している。ここで彼は、独特の革新的コード進行スリー・トニック・システムを開発し、ジャズのソリストに衝撃をもたらした。このあたりが、コルトレーンがメカニカルな路線を追求した最後の到達点だったのかもしれない。これはほとんど音の物理学的世界である。どこかビオンのグリッドに通じるような。

だが、コード・プログレッション・メカニズムの頂点にまで到達したコルトレーンはそこに留まっていることはなかった。留まっていることができなかったと言った方がいいのかもしれない。マイルスがモードの手法でより即時的表現の世界をあくまで対人芸術的に追求する一方、コルトレーンはそれとは違ったスピリチュアルなモードへと展開することになる。求道者は、ついに悟りと安らぎを神に求める方向へと脱線（解脱？）していったのかもしれない。

創造者と求道者というのは芸術家の基本的な態度の在り方なのだろう。創造者は内的対象とのコミュニケーション・プロセスの中に身をおく。妙なたとえになるかもしれないが、これはイマジネーションという産物を産み続けるシンボライズされた妊娠出産のプロセスだと言いたい。この内的対象はもちろん、メラニー・クラインがいたるところで強調している「良い対象」である。そういう意味では、精神分析において分析家が患者の心的状態を理解するプロセスはまさにこれに等しい。これが形になるのが「解釈」だが、これは「分析家の内的対象からやってくる」と言える。

求道者というと、すごくストイックでどうしても禅宗の坊主のような人を思い浮かべるし、コルトレーンのことを考えるとそれも当たらずとも遠からず、なのだ。ただここには、やはりマイルスが喚起する「狂気」に相当するものがある。そして、それはリスキーですらある。彼ら求道者たちが「止まったら死んでしまう」マグロのような人たちであると同時に、彼らには自ら作ったものや状態を壊してしまう内的破壊性が潜在的顕在的に働いている。ともすれば、あるものやある境地など得たとたんに、「いや違う」という自らの反応に出会うことになるのだ。安定化状態はその手からこぼれ落ち崩壊する。彼らはカタストロフィを引き起こす触媒なのである。この傾向が、コルトレーンは美しいが苦しいということの理由かもしれない。でも私はコルトレーンが好きである。

こうして今回、マイルスとコルトレーンについて書いてきたけれど、やっぱり音楽は文字に書くよりも聴くかやるかの方が楽しい。とにかく聴きたいし、やりたい。結局食べ物のたとえと同じになってしまったようだ。

第7話 破局、共鳴、転移

大地震がまた日本を襲った。当然、精神分析の話などしている場合ではない。この「たとえ話」にも気持ちが乗らない。被災直後の人たちには芸術や音楽など何の役にも立たないだろう。また地震の話などさらにすべきでないような気がするが、その話をしないと何も始まらない様子でもある。だから何の役にも立たないということを自覚しつつ、地震に際した自身の連想のちょっとした観察に留めたい。

英国文学主人公史上屈指のナルシスト、ドリアン・グレイは、芸術の定義を「役に立たないこと」だと言った。いやもう少し正確に言うと、芸術は「役に立ってはいけない」と言ったのだ。このニヒリスティックで矛盾に満ちた傲慢な物言いが、いくら芸術のネガティヴサイドを強調しすぎているとはいえ、それはそれで間違いではないと私は思っている。たとえばミュージシャンたちがチャリティ・コンサートと称して被災者の救援に乗り出す場合、ドリアン・グレイならば、彼らミュージシャンが「役に立っている次元」は芸術とは無縁だと言うだろう。

精神分析だって「役に立たないことで役立つ営み」くらいの位置にはあるのかもしれない。そういう意味では、精神分析は災害時に自ら役に立とうとすると、全く役に立たないことを引き受けなくてはならない。しかも、これは実は災害時に限ったことではなく、精神分析の本質的な立ち位置なのだ。だが、これではある種のペシミズムとナルシシズムの円環システムに陥る危険があるため、これ以上は追求しない方がいいのかもしれない。芸術など食えやしないし、それで放射線量の値が下がることなどはない。芸術そのもので命が助かるなどありえないのである。

一方、スポーツとなるといくぶん事情は異なるかもしれない。スポーツは要するに個人と集団の身体を使ったゲームである。グループと身体とゲームとは、こういうときにいくらか助けになる。私事を言ってみるならば、帰国に際して、英国を出ることと分析家を離れることとが同時に起こらざるをえなかった状況は、自分にとって非常に過酷な破局的体験であったと自覚している。帰国後長らく風邪ばかり引き、あげくには百日咳に罹患して肋骨を何カ所か骨折するなどという有様だった。しかしながら、心のダメージというものは、少なくともしばしの間は身体化せざるをえないのではなかろうかとも思うのである。しかも、その後の回復期には筋肉運動も含めて、自分がいくぶん過活動的になっていたようにも思える。その延長線上に身体を使うゲームがあるのかどうかは分からない。だがその後は、やたらとプレミアリーグの試合を息子と一緒になってテレビ観戦していたような気がする。

クラインの同僚だった精神分析家ジョアン・リビエールは、一九三〇年のショートエッセイの中で、ダンスは死んだ内的対象を生き返らせることと関連しているのだと示唆している。だとすると、リズムを伴う身体運動による心的修復が災害復興の際になんらかの役割を果たすことになるのかもしれない。

だが、今回の地震に際して私のもつ感覚は、やはり阪神・淡路大震災のときとも、分析を終わって帰国するときの個人的破局感覚ともどこか違っている。今回は被災していないし、傷ついていないからだろうか。たとえば十七年前、地震が起こったとき、私は堺市内の精神科病院で当直の仕事をしていた。朝方、仮眠をとっていると、急に寝たまま小舟に乗せられて、荒れ狂う大海原に投げ出されたような恐怖を体験した。実際、あとになってそんなふうに心の中で描写していたとも思う。でも直撃ではなかったためか、病院の建物は倒壊しなかった。常勤医が来るまで病院にとどまっていた。五キロしか離れていない当時の自宅に帰りつくのに三時間以上かかった。私は、神戸市内の病院で非常勤医を務めてもいたので、担当の患者さんたちのことが気になって仕方がなかった。帰ってしばらくしてから、芦屋の叔母が亡くなったことを知った。

あのときは、やはり自分も間接的ではあったが、被災者だったのだと思う。いとこは叔母の葬儀場を確保するのにも大変苦労した。圧死した叔母の遺体は葬儀のために京都まで運ばれた。叔母は日本舞踊のお師匠さんだった。その後、神戸の病院に通勤するのに片道五時間以上かかった。街の惨状を目の当たりにした。

だが今回の地震に関しては何か違っている、と思いながらこの十日間を過ごしてきた。津波が人をのみ込んでゆく映像や、今も続く放射能漏れの脅威を伝えるテレビの映像には、離れることのできない引力がある。そして、それと平行して心が麻痺してゆくような妙な感覚を味わってもいた。だが、それは被災者としての自分の地震体験や、個人的な破局と喪失の体験とは全く異なった何かだと思えた。

それでも地震から九日目になって、ようやく少し情緒的に身動きがとれる瞬間を体験した。駅前でささやかな義援金を募金箱に入れたときである。麻痺していたものが急激に溶け始めた。募金箱を胸に抱え、悲壮なトーンで窮状を訴え募金を募っている人たちがいた。その様子からは、その人たちの身内が被災したのだろうことが伝わってきた。その人の携えた募金箱に義援金を入れたとたんに妙な気持ちが溢れ始めた。それは喉元にこみ上げてくる何かであり、涙が出そうになる強烈な実感を伴っていた。意識される思いは、「どうしてこれだけのことしかできないのか」、という怒りと恥ずかしさと悲しみの感情がない交ぜになったもので、十七年前のことばかりでなく、英国での体験や帰国も含めて様々な破局体験が頭をよぎっていた。ただこれは、思うに「共鳴」というものの正体なのであって、傷ついた人々からのコミュニケーションの前駆体のようなものではないだろうか。これは私の体験している破局や喪失ではない。だが自らのそれと共鳴しているがゆえになんらかの波長が急激に合致したものと思う。

この込み上げてくる「情けなさ」は、地震に限ったものではない、どこか他でも体験したことがあるものだと私は思った。それは私がロンドンで体験した精神分析の休み（break）と関連していた。ロンドンの精神分析では週五回の分析頻度が標準的セッティングなのだが，その「情けなさ」を経験したのは，ある木曜日の晩に，はじめて分析家が私に直接電話をかけてきて，翌日のセッションの急なキャンセルを告げるという出来事に引き続いた週末のことだった。このような直前のキャンセルは，三年七カ月八百回程度の分析の中でその一回きりの経験となった。私は分析家から電話がかかってきたとき「ああ，そうですか，分かりました」というふうに反射的に反応し，その後もあまり気にしていなかった。だが，何かあったに違いないという疑いを即座に頭の中から削除したときの鈍い感覚だけは尾を引いていた。分析家は風邪でも引いたのだろうか。いや，前の日のセッションでの声に特に変わった様子はなかった。身内の不幸か。自動的にわき起こるこれらの疑念を三秒くらいで頭の中から消してしまった。

この日の夜，私は地震のときの感覚を視覚化することになった。夢に見たのだ。つまり寝たまま小舟に乗せられて，大海原に投げ出され転覆するというものだった。漠然と，ああ，あのときと同じだと感じていた。しかしその状況は同じではなかった。夢の中で，しばらくして，実は自分の乗った小舟は転覆していないことに気がついた。水浸しになりつつ，大波に揺られつつ，何かに牽引されているようだった。とてつもなく大きな黒い船が眼前に見えた。私の小舟を飲み込もうとしているのか，曳航しているのかよく分からなかった。大波はその黒船が作り出した波のようであり，でも大波から私の小舟を守ってくれているようにも見えた。この夢は鮮烈な印象を残したが，帰国後長らく忘れていた。被災者家族とおぼしき人たちに接して久しぶりにその夢を思い出した。

さて、音楽というのはそもそも、このような破局から人が這い上がろうとするときにどうしても必要となるものなのではないかと思う。身体化の次に、ダメージの修復はリズムを通じて行われるのではないか、と私は自らの経験から感じている。精神分析はリズムが命なのである。それはもしかしたら、両親の性交という自分は絶対に入ってはいけない禁止された原光景に臨み、性交の音とリズムとを、母の胎内の心臓の鼓動として体験できるまでの痕跡を新たに満たす記憶なのかもしれない、と言うと唐突だろうか。

ここまで書いてきて、もう終わろうかと思ったとき、いまだあなたに話しかけていなかったことに気がついて驚いた。では、いったい誰に向かって書いたのだろう。全くの独り言だったのかもしれない。

第8話　精神分析を聴け

あなたは精神分析を受けることに関心がある。でも、もしかしたら、週一回の設定を当然のことだと思っているかもしれない。だって忙しいし、お金もかかるし、週二回以上の分析なんかやってくれる分析家が日本に何人いるというのか。じゃあ、やっぱり週一回が普通の方法なのだろうか。

アルゼンチンの精神分析家ホレイショ・エチゴーエンは、連続で行う週四、五回の設定が精神分析であり、それより少ない頻度のものは精神分析とは違うようだと言っている。頻度が週五回だと自ずと月曜から金曜まで毎日セッションで土日だけが休みとなる。複雑なのは週四回で、彼の言うところでは、月火木金や月水木金という設定は、月火水木や火水木金とは様子が違ってくるのだ。彼のトーンはいくぶん控えめで、他の頻度ではだめだと言っているようではない。でも違うとはっきり感じているらしい。だが彼はそれをあまり理論的に説明しようとはしていない。だからこのことを疑似理論的に考えてみたいというのが私の目論見である。この違いを説明するには、音楽とのアナロジーが非常に有効に機能する。アナロジーだから単なるたとえで、理論ではないのだが。

一回一回のセッションの内部は患者とセラピストとのコミュニケーションで成り立っている。だから、そこにはそれだけで音楽的なリズムやテンポがあると考えられるが、ここではまず一回のセッションを音の要素と考えたい。一週間が月曜から始まるとすると、週五回のセッションでは1・2・3・4・5・休み・休み・という七拍子のリズムになる。さらに微分して、一週間を一つの音符とするともう少し分かりやすいかもしれない。一週間で「ツーーッカ（on, on, on, on, on, off, off）」というふうに、（ビオンふうに記述するなら「〜〜〜〜〜・・」でどうだろう?）、こうすると一つの音がはっきりと立ち上がる。それが月火水木の週四回だと「ツーッッカ（〜〜〜〜・・・）」と少々スタッカート気味になるが一つの音としてちゃんと際立つことになる。

だが、これが月火木金だと、「ツカッツッ（〜〜・〜〜・・）」のようなへんてこな音を発してしまう。それはそれで使いようがあるのかもしれないが美しい音としての標準にはならない。月水木金（〜・〜〜〜・・）だともっと変である。だから力のある美しい音符を構成するためには週四の場合には月火水木の連続パターンがいいということになる。

じゃあ週三回だとどうなのか。月火水あるいは水木金でいいのではないか。だがエチゴーエンは週三回の場合には月水金もしくは月火木のようにいびつな方がよいと言う。そもそも週三回設定は精神分析ではなく精神分析的セラピーなので、実効を最大限に発揮するにはそのリズムの方がいいということのようである。これにも論理的な説明はなく経験からの実感だというのだが、今ひとつ説得力に欠ける。このあたり、いったいなぜなのか考えてみたい。

そもそも、どうしてわれわれは七日間を一区切りにしないといけないのかよく分からないが、それはまたおいおい考えるとして、われわれの文化生活のリズムはやはり七日区切りでできているので受け入れるより仕方がない。とはいえ、精神分析が週四、五回でなければならないとすることの妥当性はどこにあるのだろうか。音符と休符からこの一週間の分析的リズムを考えてみよう。「連続で会う日数（SC: session continuous とする）が連続で会わない日数（B: break とする）より長くなることが精神分析成立の必要条件である」という仮説を立てることができるかもしれない。これとてどこに妥当性があるのかよく分からないが、まあ仮にそうしてみよう。

これを数式化すると、連続で会う日SCと連続で休む日Bのそれぞれの長さが、SC＞Bであることが精神分析の成立条件だとしたくなる。すなわち週五回で土日はやらない前提だとSC＝5、B＝2であり当然SC＞Bとなって、非常に単純で美しい。フロイトやクラインは日曜日を除いて週六回やっていた。したがって彼らの場合はSC＝6、B＝1となる。週四では月火水木だとSC＝4、B＝3である。だが、月火木金となると連続しているのは二日間だけとなりSC＝2、Bの最大が土日で2となるからSC≧Bでありちょっと微妙である。

この延長で考えると、週三回はもはやベースを七日単位にすると必ずSC＝3＜B＝4になってしまう。したがって精神分析のリズムではないということになるのか。だが、たとえば月火金とするとSCとBの最大値がともに2となり、SC≧Bはなんとか微妙に保たれる。

数字ばかり並べ立てた様子だが、ここでエチゴーエンの言いたいことが見えてくる。要するに、会っている連続性が会わない日の連続よりも長くなることによって、接触の喜びと喪失の痛みとが一区切りごとにはっきり繰り返されるということのようだ。on の方が少ないリズムというのは、躍動感が欠けてくるのだろう。これを授乳状況になぞらえると、SC<B になってしまうなら、放っておかれていることが当たり前の赤ん坊のようになり、乳房の不在に対してあきらめを伴ってくると、その子の心において生の連続性が脅かされるかもしれない、ということのようである。したがって、週一回とか二回のセラピーは、音楽でいうと、とても聴きづらい音符で構成された不自然なメロディになるのかもしれないし、授乳でいうとネグレクト状態になるかもしれない。

このように一日一日を一音ととらえるなら、当然一週間が一小節となる。その場合には週一回のセラピーは、一音で一小節となってしまい、ほとんど音楽にならない。だが、実感はそうではない。少なくとも私には、週一回には週一回のテンポがあるように思えるのだ。それはリズムというよりもテンポである。ものすごくスローなテンポで演奏される音楽だけれど、セラピストがそれを音楽であると認識できる耳をもっているなら、歌として聞こえてくる。だから実はセラピストが熟練した技能と研ぎ澄まされた分析的聴覚をもっていれば、ここからも分析的リズムとメロディが聞き取れるのだ。

少なくともロンドンの分析コミュニティでは、週一回でも週五回でも究極のところでは変わらないと思っているようだった。これは私がスーパービジョンを受けていて感じたことである。たとえば、それに関してタヴィストックの子ども部門の指導者の一人、マーサ・ハリスがとても説得力のあることを言っている。つまり、セラピーのプロセスを生きたものにする唯一の方法は、セラピスト自身の自己探求の経験に他ならない、と。それの意味するところはもちろん、分析者の分析、つまり訓練分析の経験である。しかも彼女は、低い頻度のセラピーを分析的に生きたものにしようとするなら、治療者は週五回の精神分析を受けるべきだと言っている。

さてここで、休符についても、つまり休み（・）についても考えてみたい。精神分析の中では、実は会っているときと同じくらいに休みが大切であるということを分かって、つまり休符の実感を伴って面接を行っているセラピストは意外と少ない。理由は自ずと明らかで、主に二つある。一つは、日本ではほとんどのセラピーが週一回しか行われないからである。つまり週一回を記号化するとと（・・・・〜・・・）という非常に弱く遠い音、あるいは散漫なリズムとなっている。たとえば休みで一回面接が抜けると二週間会わないことになる。そのことがいかなる事態を招いていて、どのようにそれが面接状況に持ち込まれているのかを扱わないでいると、休みの影響を、患者もセラピストも無視しやすくなっていく。これでは、いつまでたっても分析のリズムは生きてこない。音も聞こえてこない。休み、すなわち休符のないリズムというのはありえないわけで、休符がないとメロディにもなりはしない。休まないセラピーはリズムを紡げず、躍動することが非常に困難になってしまう。

ところが、これは週複数回のセラピーにこそ言えることなのである。週一回だと、会っている方が珍しくなるわけで、ほとんどが休符でできあがったリズムになり、ほとんど音のない音となる。

だからそもそも週一回のセラピーはリズムの形成のされ方が違ってくる。それでも、患者の転移的情動を面接の休みに結びつけて理解する必要が生じることはもちろん同じなのだが、もしかしたらそういった解釈はあまり響かないかもしれない。だから週一回のセラピーを精神分析的にとり行うためにはかなりの熟練が必要で、少なくとも自分が週複数回の分析を受けた経験が必要になる。

こうして休みに関して実感を伴った理解ができなくなるもう一つの理由がここで明らかとなる。つまり、それはセラピストのほとんどが精神分析を受けたことがないからである。分析を自ら受けたことがないと、セッションの休みがいかなる体験なのか全くピンとこないのだ。たとえば精神分析の文献における臨床素材を読むと必ずといっていいほど出てくるのが、「この素材は、分析の三年目、夏休みを少し後に控えたある週の金曜日のセッションであった」なんていう表現である。私はよく分析家が頭の後ろから'Because today is Friday'と解釈を始めるのを「また言ってるよ」とイライラしながら聞いたものである。ちょうど開始して一年目頃である。分析家は、週末に置き去りにされることへの私の怒りや不安などを解釈する。「ああ、またお決まりのやつだね」と内心馬鹿にしたものだが、馬鹿にできるのはセッションの中だけである。実際の週末にはいやな夢を見、必ず理不尽な理由で夫婦喧嘩をする。ご迷惑なアクティング・アウトである。週五回の分析を受けていると週末はこのように呪われたものとなるのだ。分析を受けることなく普通に仕事をしていれば週末は楽しみだし、実に待ち遠しいものだが、精神分析を受け始めると見事にそれが反転する。週末がとにかく耐え難くなる。これは本当に不思議なことだが、そうなのだとしか言いようがないので、体験しないと分からないことなのだろう。

ただ、分析の一年目くらいだと、週末は特にいやだったり寂しかったりするという自覚はないかもしれない。だが、様々なかたちで無自覚の迫害感を行動化するものだ。分析家にそれを指摘され、ひどくむかつくことになる。だが、分析家とのセッションがいかにも大切なものだとの自覚ができてくる二、三年目以降になると週末は名実ともに耐え難くなるので苦しい。自覚するぶん行動化は減り、それだけ週の会っているときが大切になってワークが進むし、休みの意味も大きくなってくる。これが週五回のリズムであり、精神分析のスタンダードなセッティングなのである。これをもとに、精神分析の文献は書かれており、そう読まれることを想定しているのだ。

だが週一回のセッションだとどうなるのだろうか。週のうち会っている日の方が圧倒的に少ないわけだから、休みを意識せずにすむ反面、休みはいつまでたってもその情緒的意味をもちえないかもしれない。いや、これは分析を受けたことのある治療者が行うのであれば、週一回でも週五回における週末的体験を患者の中に発見することは十分可能である。ところが、セラピスト自身がこの週末体験をしたことがないとどうなるだろうか。

リズムの変化、休みによって紡ぎ出されたはずの患者の情緒状態に波長が合わないのである。でも週一回の分析的なセッティングは守られることになるから、患者の転移はそれなりに展開することになるだろう。だがその展開は、ちゃんと分析を受けたことのあるスーパーバイザーのところにもっていかないと、休みと結びつけられることがないままになるかもしれない。そうなると患者が紡ぎ出すメロディもリズムも聴かれないままになり、患者の中だけでむなしく鳴り響くことになってしまう。これでは、患者の方はヘッドホンでカラオケに合わせて一生懸命歌っている歌い手のようになってしまう。治療者にはカラオケは聞こえてこず、本人がいったい何を歌っているのか判別できないかもしれない。だが少なくとも患者の方はヘッドホンでカラオケを聴いているのだから、ちゃんとそれなりに音楽を聴き、歌っている。ここで治療者は患者においてゆかれている。これは患者のナルシシズムではない。治療者の乗り遅れであり、治療者発のミス・コミュニケーションなのだ。治療者が「精神分析」を受けた経験がないと、これを患者のせいにしてしまう危険がある。

週五回もわざわざ分析家のところに出向いて、一時間近くカウチに横になって見た夢について話したり、黙ったり、怒ったり、泣いたりする。今どきロンドンでもこのようにアナログな営みは次第に流行らなくなってきているようである。だが、ロンドンの精神分析は週五回の伝統を譲歩して頻度を減らすことなど全く考えていないようでもある。我が国においてこれがスタンダードになることは今さら難しいだろうけれど、せめて週複数回がやれる素地は作らねばならないと私は思っている。週一回のセラピーが助けにならないとは思わない。だが、それは週五回に比べて非常に難しい作業なのだと知り実感しておく必要はあるだろう。分析がそれこそ音にでもなって、誰の耳にも明らかな音の違いを聞かせてくれればいいのにと思う。

第9話　習い事としての精神分析

音楽と精神分析の訓練の話をしよう。で、習い事というとはなはだ軽い感じがするし、修行というと宗教がかってくる。だが、精神分析は分析を提供する側になるにしても、分析を受ける側になるにしても、やはりそれを習わないとどうにもならないという共通点がある。

フロイトは分析の料金について、いや正確に言えば分析のキャンセル料について語った際、人々はピアノのレッスンに対してキャンセル料を支払うことにそう違和感をもたないのに、分析に関してそうではないのは困ったことだ、というようなことを書いていた。フロイトは精神分析を治療であると位置づけたがっていたようだけれど、ここではピアノレッスンを引き合いに出しているのだから、やはりどこかでこれは習い事なのだと感じるところもあったのかもしれない。

そもそも、精神分析を受けることにはどのような目的があるのか。これはかなり本質的な問いである。それによって分析が習い事にも治療にも修行にもなりうるのだから大事である。だがこれに関しては、本当にたくさん論じられてきたけれど、やはり一つには落ち着かないのであって、そうなると社会に申し開きするにははなはだ頼りないことになってしまう。

やはり精神分析は治療である。――のだろうか。断言してみてからやはり疑念がわいてくるのだからして、困ったものだ。だが、精神分析によって確かに結果的に病気が改善するのを、自分の提供する分析的臨床によって、あるいは分析を受けていた周りの同僚の様子から私は何度となく目の当たりにしてきたし、何よりも自分自身が分析を受けることによってそれを実感した。毎回が驚きだが、やはりよくなる。治るとまでは断言できないが、まず十中八九よくはなるのである。

でも、よくならない一群の人もいるにはいる。残念だがこれも事実である。もしこれが習い事だと仮定するなら、そもそもその芸に向いていない人、がんばらなかった人、あまりやる気がなかった人、教える側が下手だった場合等々、数え上げたらきりがないが、不幸にも精神分析という芸が上達しなかったからといって、精神分析が駄目で役に立たない証拠だとは言えない。だが、ある程度この領域に向いている人ならば、つらくても分析に週五回通い、分析家とともに分析に取り組めば、たいていの場合、なんらかのかたちで精神分析（自己分析）は上達するものである。

精神分析の目的は、患者が自己分析を行えるようになるよう援助することだとする分析家もあれば、転移過程そのものが治癒的なのでそれを経験することが究極の目的だとする分析家もある。前者はかなり習い事的である。後者はどちらかというと治療的である。体の治療に似ていくぶん受動的な感じがする。私の経験からすると、精神分析にはこの両方の要素、つまり「能動的探求・習い事・鍛錬・洞察」要素と「受動的・治療的・自生プロセス」要素という二つの性質がはっきりとあって、精神分析的な出会いの中でそれぞれどのくらいの割合で混ざり合うか、それぞれの分析的カップルの間で異なってくるのだと思う。全く同じではないにせよ、それは「量と質」とか「粒子と波動」とか、もっと精神分析的に言うなら、「分析的設定」と「分析プロセス」という二つの本質的要素とか側面とかいうものと近い概念になるのではないだろうか。

私の精神分析業界の先輩に、英国精神分析協会のトレーニングによって最近ロンドンで精神分析家になった人がいる。私がロンドンにいた頃でもすでに、その人はロンドンで何年も精神分析を受け、タヴィストックの教員スタッフにもなっているサイコセラピストだった。今ではそれから八年以上経つので、彼が分析家の資格を得るのは精神分析を受け始めてから十五、六年くらい経ってからということになる。気が遠くなるような年月であると聞こえるかもしれない。だがこれはロンドンではとりたてて特別なことではない。ロンドンの分析家たちの間では、週五回設定の訓練分析を七〜十年くらい受けて分析家の資格を得て働き、その後またセカンド・アナリシスといって、もう一度別の分析家に分析を乞うということになるのが当たり前のように行われている。サード・アナリシスを受けるといった場合でさえ、予想される反応は「へえ、がんばるねえ」とか「そう、よっぽど好きなんだねえ」くらいであって、それ以上にビックリされることはない。要するに分析家自身が分析状況に身を置き続けつつ、自分も分析を提供するという構造が当たり前なのである。そういう文化なのだ。もちろん五、六年の訓練分析を受けて分析家になり、それ以後分析を受けないというのもありうるが、むしろそっちの方が少数派だろう。

とてつもない作業だと感じるかもしれないが、本当にそうなのだろうか。週五回という設定なので、やはりきついとも言えるかもしれない。だが、精神分析を芸道の習い事であると考えると、これは当たり前の営みなのだということが見えてくる。

音楽の訓練を考えてみよう。ピアノはだいたい四、五歳で始めないと多くの場合のちにプロフェッショナルになることはない。早熟な才能が開花するならば、プロとして働き始めるのは、それでも早くて十四、五歳からになるだろう。要するにそれまでに十年くらいは猛烈な訓練期間を経ていることになる。もしあなたが何かの楽器を人前で演奏できる技能をもっているならば分かるだろう。少なくとも七、八年は血のにじむような努力をしているはずだ。なんとなくやっているうちに弾けるようになりました、などというのはほとんどの場合謙遜である。もし何の努力もなく演奏できるようになったのなら、その人は天才と呼ばれる非常にまれな存在なのかもしれない。だが、それは滅多にないことだし、少なくとも幸福なことではない。練習して伸びるという喜びを知らないのだから。

楽器を一人前に演奏するには多くの場合、少なくとも十年はかかるものである。しかも、毎日少なくとも二、三時間は持続的に練習しなければ、プロにはなれない。多くの場合に三時間では足りない。

私は教育大学に勤めている。大学には音楽科があり、なかには教師ではなくて演奏家になりたい学生がいる。ピアニストになろうという学生に練習のやり方について聞いてみたことがある。彼女は今でも一日八時間くらいは毎日練習していますよと言っていた。乗っているときとか不安なときとかには、寝る以外は一日中ピアノを弾いていることも多い。発表会前は、うっかりしていると食べるのを忘れることがある。そうしないとピアノでは食べていけないのだから、と当然のように話していた。私は別に驚かない。

これは音楽に限らず芸の世界では当たり前のことだ。だから精神分析だってそれを芸の習い事だと見なすならば、当然そうなるわけだ。つまり、一人前の分析的臨床家になるには、無意識過程に習熟し、設定を維持する法を学び、夢を読み、転移を読めるようになる必要があるのだが、それには、週一回以上のスーパービジョンに通い、週五回の分析を受け、週七、八ケースは分析する、それを十年くらいはやらないといけない。そうしないとプロにはなれない。至極当たり前のことである。

いっぽう、楽器の鍛錬は語学の習得に似ていると思う。語学の習得は本当に不可思議である。私の二番目の娘は五歳で渡英し、ロンドンの現地校に通い始めたが、三カ月くらい経ったとき突然友達とぺらぺらと英語で話し始めた。耳から入った英語がそのまま口から出てくるという様子である。イギリス人のような発音で、ラプンツェルの物語を暗唱する。我が子ながら、なんともうらやましいかぎりである。これが八歳の息子になると状況は違っていた。彼はなかなか英語を習得できずに四苦八苦した。サッカーなどの遊びを通じてやっと友達を作ることができた。それでも三年ほど経つと息子も不自由なく話せるようにはなっていったが、彼の英語には妹の流暢さはなかった。

これは性差もあるかもしれないが、それよりもむしろ英語にふれた時期によることは明らかである。娘の場合には言葉を習ったという感じはないだろう。入ってきたのだ。息子の方はかなり苦労して習得したという実感があっただろう。

帰国してかなりの年月が経った今、その二人の差が歴然と出てきている。つまり、娘の方は、あの流暢さはどこに行ってしまったのかというくらいに、きれいさっぱり英語を忘れてしまっている。ほとんど話せないし聞き取れなくなってしまっている。息子の方はまだそこそこ話せるし、聞き取れる。だが、こと言語獲得の能力に関して言えば、ネイティヴとして話せるにはおそらく娘の年齢が臨界点だったのではないかと思う。自然に入ってくるので、抜けるのも早いのかもしれないが、その時期になんらかの秘密があるように見える。

音楽はどうだろう。楽器の演奏技能にも、確かにある種の吸収成長の臨界点がある。それはおそらく聴神経と運動神経の成長と可塑性、そして才能の開花準備性とが複雑な化学反応を起こす結果、ある時期を境にそれが現実化するというものではないだろうか。ただ、楽器の場合には言語ほど早い時期の年齢決定性はないのかもしれない。というのは楽器によっては、中学からやり始めて、それで食べてゆくくらいになる人はいる。特にギターや管楽器がそうだ。これはおそらく楽器の特性に秘密があるのだろう。つまりギターにしても、それほど右手と左手で全く違うことを同時にやるわけではないのだ。しかもバイオリンと違ってしっかりフレットが音を限定してくれている。だから楽器としての扱いづらさが、ピアノやバイオリンとは違っているのである。バイオリンはさておき、ピアノは非常に完成された楽器ではあるけれど、両手を別々に使う必要があるので神経が成長してしまった人にはもはや操れない楽器である。ネイティヴでないといけない楽器なのだ。バイオリンはというと、これは指の角度が違うだけで、平気で一音以上変わってしまう恐ろしい楽器である。毎日の指の太さの成長とともに演奏を修正していくという芸の鍛錬を必要とする。だから、幼少期からやっていないとそもそも弾けるようにならない。楽器とともに大きくなった、というくらいでないとバイオリンを操ることはできないのである。こういう音楽的ネイティヴ・スピーカーたちが演奏してはじめて音楽が聞く人に音楽体験をもたらすことになるのだ。

さて、では精神分析はどうだろうか。音楽家のように、精神分析家になるためには三歳から精神分析を受け始めなくてはならないのだろうか。不可能である。そもそもメラニー・クラインに分析を受けた幼児たちは分析家などにはならなかった。フロイトが精神分析家になったのは四十歳を過ぎてからである（それまでは今でいう神経内科医であった）。メラニー・クラインが分析家になったのも四十歳頃であった（それまで彼女はうつ病患者だった）。この時期の彼らにはいったい何があったのだろうか。おそらく共通項はある種の人生上のクライシスである。大ざっぱにいえば、二人とも中年期危機だったといえるだろう。しかも彼らをして精神分析家ならしめたのは、自己分析であり、分析を受けるということであった。フロイトは、フリースと書簡のやりとりをするとともに、この時期に治療していたE氏という劇場恐怖の患者を通じての逆転移から自己分析を深めたと考えられている。メラニー・クラインは四十を前にして結婚生活は破綻し、ベルリンに移り住んでからは、幼児の分析は軌道に乗り始めたものの、彼女自身は抑うつ的危機の崖っぷちにいて、アブラハムとの分析を始めたのであった。私は勝手な想像から、彼女のクライシスは、娘のメリッタが医者になり、易々と分析家になり、精神分析の世界に華々しくデビューしたことが、彼女の無意識的羨望をかき立て抑うつの再燃をもたらしたのではないかと思っている。彼女が分析家生活の最後に残したものが、『羨望と感謝』（一九五七）であり「孤独感について」（一九六三：死後刊行）であったことは偶然ではなかっただろう。

だが、フロイトにしても、クラインにしても分析を受けることで彼らが精神分析家になったというのは、かなり楽観的にすぎる結論でもある。思うに、彼らは精神分析を受けることによって、「精神分析家になり始めた」のである。自己分析のために分析家という他人の手を借りなければならないのが精神分析の重要な本質であり必要条件なのである。精神分析は本質的に自分だけでは成立しない対象関係なのだ。考えを考えることができるのは対象だけなのである。それが自我の核である。そのことは自ら精神分析を受けることなくして、「なるほど、これかあ」とは決して思えないだろう。あなたの患者はもしかしたらすでにそれを経験し始めているかもしれない。

第10話　浮かび上がる四次元――ターナーの『吹雪』を見る

精神分析は食わなきゃ分からないとか、精神分析過程は植物だとか、精神分析のセッティングは音楽のリズムであるとか、いろいろ無責任なたとえ話をしてきたが、今回は精神分析の視覚化について考えてみたい。

あなたは美術館にはよく行く方だろうか。日本に帰ってきてからはめっきり行く機会を失ってしまったが、ロンドンにいた頃、私は週に二回くらいそここの美術館や博物館めぐりをしていた。要するに暇だったのだ。中年留学生でしかありえないような時間の過ごし方である。

テイト・ギャラリー、テイト・モダン、ナショナル・ギャラリー、ナショナル・ポートレイト・ギャラリー、ナチュラル・ヒストリー・ミュージアム等々挙げればきりがないが、タヴィストックのケースが休みのときなど、分析家とのセッションが終わったら直で地下鉄に乗り、ロンドンのセントラルに出かけ、これらの美術館で数時間過ごしたものだった。ときには絵の前で絵を見もせずに読書したりもした。今思うと全く贅沢な話で、もったいない。というのは、その頃私にはイギリス人の語学交換パートナーがいて、その人と会って英語を教わり、日本語を教えるということを続けていた。そのパートナーが絵画好きで、よく美術館の食堂などで会話を交わしていたので、やたら高頻度に美術館を訪れていた。だから、絵などいつでも見ることができると高をくくっていたために、そのありがたみが今ひとつ分かっていなかったのかもしれない。

その語学交換パートナーはピーターという中年男性だった。彼はもともと銀行マンだったが、四十八歳にしてすでに退職しており、その頃は幼稚園を三つ経営していて、その管理で生計を立てていた。そのうえ、何やら怪しげなトレーディングをしているようであり、どことなく正体不明のお金持ち、そして超インテリという人物であった。その人が絵に詳しかったこともあり、彼から鑑法を教わった。

ピーターが言うには美術館は客の流れに乗って見て回るものではない。一つの気に入った絵の前に一時間はいなさいと言う。そもそも美術館がすいていないとそんなことはできないし、長蛇の列ができる日本やイタリア、あるいはパリの美術館ではまず無理だろう。だが、ロンドンの美術館は基本的にタダだし、寒い時期などは観光客もまばらで、結構すいている日や時間帯があった。休館日かと見まがうほどのときもある。贅沢な空間である。

ある極寒の冬の日のこと、ピーターの都合がつかなくなり、私は一人でテイト・ギャラリーに行くことになった。その日はターナーの展示が特集として組まれていた。時間帯が平日の昼下がりだったこともあってか、小学生の集団が一組あるだけで、ほとんど人は入ってこなかった。ターナー特集でこれはないだろうというようなすき様である。私は夏目漱石が好きなので、彼が描写するターナーがとても好きだった。だから当然後期の機関車とか船とか、画面全体がぼやーっと霞んだ後期の水彩画に特に引きつけられた。

それまでも絵は好きだったが、後にも先にもそのときほどのインパクトは体験したことがない。今ではその日の分析体験が美術館での体験と同期していたのかもしれないと思われるのだが、当時は全く気がついていなかった。不思議なことにそのとき分析で自分が何を話し、分析家によって何が解釈されたのか今では全く覚えていない。分析とはそういうものだと今は分かる。抑圧というものの正体だ。本で読んだって分かりはしない。あれだけ苦しかったのに、あれだけありがたいと涙したのに、あれだけ自分の夢に驚いたのに、あれだけ分析家の解釈にホッとしたのに、肝心な内容は私の無意識の中に活動の場を移してしまっている。でも夢に時々姿を現してくれるのは嬉しいものだ。

さて話を戻すと、その頃私は分析の終結が概ね一年後くらいだろうということが見えてきている状況にいた。同時に自分と分析家とのやりとりの中から、これまでほとんど仮死状態にあった自分の中の対象たちが息を吹き返しつつあるという手応えが現れ始めてもいた。要するに分析はある種の佳境にあった。蘇りつつある内的対象を自分自身で再び仮死状態に陥れてしまったり、対象の命の息吹に関してその芽を摘み取っていること、無残にも踏みつぶしてしまう傾向について、それが起こっているまさにその場で分析家に指摘されては不快になり、私は「じゃあ、どうしろっていうんだよ」と食って掛かるような、ナルシシズムを放棄する苦悶のプロセスのまっただ中にいたのだった。分析家は、'You are stamping on your own progress now, because you seem to find it unbearable that you have achieved anything with my help.' などとよく言ったものである。毎日のセッションに大きな手応えを感じると同時に、そこで起こる自分自身の中での反応をもてあまし気味だったのだ。だがこのとき明らかに私の心を支配していた動きは「復活」であり「曙」であり、英語で言うなら 'emerging' だった。だからその頃の私はただ破壊するだけのならず者ではなくなっていた。それを分析家は指摘した。「あなたは今ご自分の考えをつかんで浮かび上がってきましたね、私はそれを感じますね」。ホッとすることといったらこの上なかった。「この人、人を褒めるというか、認めることがあるんだ」と分析家もまんざら悪い人じゃないんだと思い始めていた。だが、すぐその後で上述のような事態となって、自分の進歩を自ら反故にしようとする動きが現れてきてはそれを指摘される、それの繰り返しだった。私はその頃、分析家の明晰さと強さに頼り切っていたといえる。

さてターナー展である。私はピーターが言っていた「絵の前で一時間を過ごす」という鑑賞法を試してみようと一つの絵を選んだ。それは五十号（だいたい一メートル四方）ほどのターナーにしてはこぢんまりとした絵だった。はじめは、ほとんど白と黒にしか見えず、薄い墨を塗りたくったようなぼやけた画像に見えた。特に魅力を感じたわけでもなく、ただ、その絵が展示されていた場所の前におあつらえ向きのソファがあったことと、これくらい曖昧な絵でも一時間居ると何か見えて

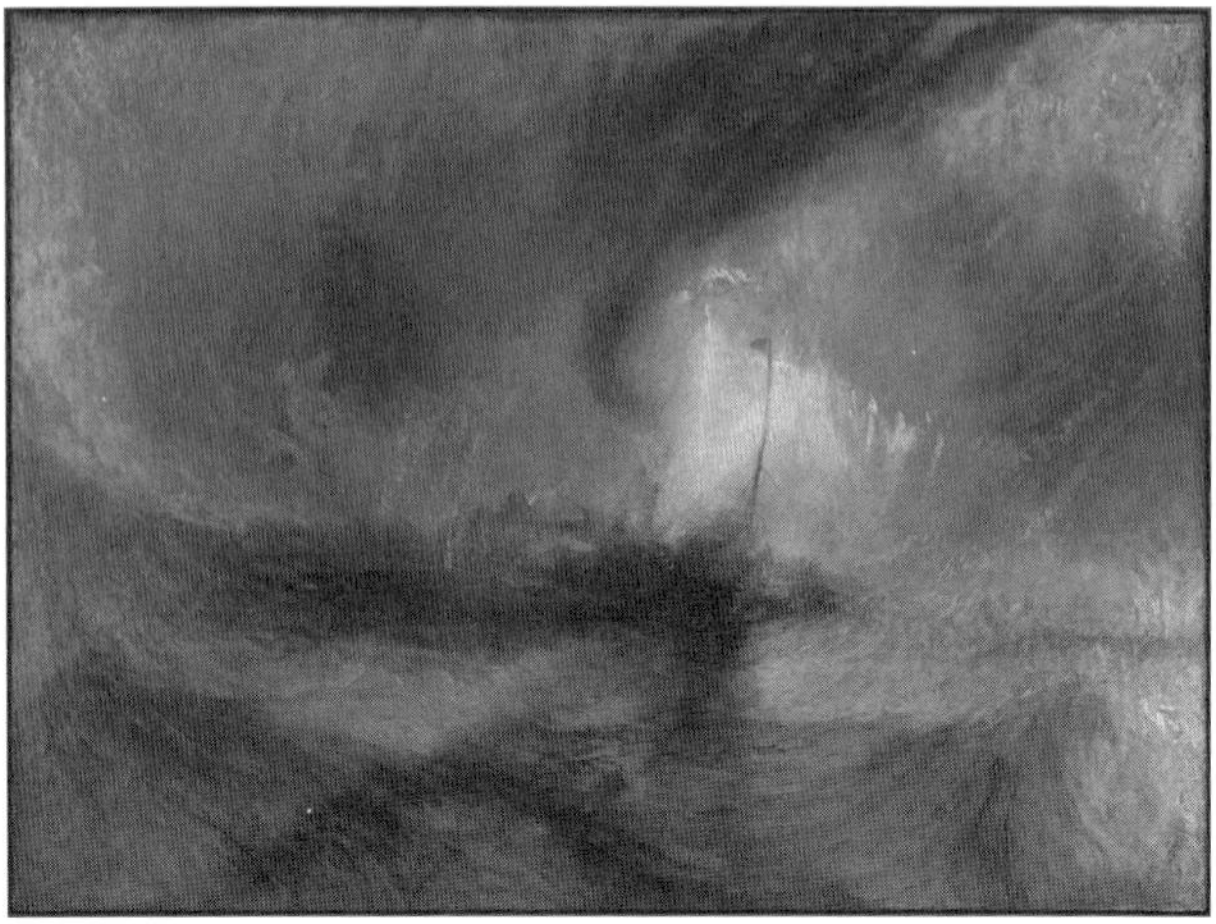
吹雪――港の沖合の蒸気船（ターナー作）

くるのだろうかという好奇心からそれを選んだにすぎない。“*Snow Storm (Steam-Boat off a Harbour's Mouth)*” という題名だった。

私がこの絵を選んだのはただの偶然でないことは見始めてすぐに分かってきた。私はこの黒に惹かれたのだ。黒と白のぼやけた墨などでは決してなかった。ターナーの黒には魔力がある。画面の中心部は三角形に白くぬられていて，雪のようでもあり，雲間にのぞく晴れ間にも見えてくる。またしばらくすると白の周りがほの青く見えてきた。こちら側は雪嵐のまっただ中だが，船がやってくる向こうは晴れていることが分かってくる。蒸気船が嵐に向けて晴れた港を出港してくるのを雪嵐側から見ているという構図になっている。二十分ほど経ったとき，絵の中から船がこちらに向かって少しずつ進んできているような気がした。さらには雪嵐の細く深い線が音を立てているように思えてくる。これは衝撃だった。一つの絵が時間とともにうねり、迫ってくるのである。ただぼやけていたように見えた絵が、はっきりとした四次元世界を展開し始めた。晴れ間の向こうから嵐に向けて果敢にも出港してこようという蒸気船がどんどん近づいてくる。雪嵐は渦を巻き激しい風の音を運んできた。もうもうと茶色い煙吐く蒸気船。何もこんな雪の激しいときに出港しなくても、と思えた。だが、どこかとても勇ましい。高い旗まで立てている。一本一本の筆の線が浮き立ち始め、その一つ一つが風となり雪となった。まさに、'emerging' である。その日の分析体験を私はなぞっていたのだった。

私はハッと我に返った。いないはずのピーターが、「どう、びっくりしただろう」と言ったような気がした。それ以来私はできるだけ一つの絵を選び、その前に長く陣取るようになった。肖像画のときにも、風景画のときにも、抽象画のときにもそうしてみた。絵によって、生き始めるのにかかる時間に差があることが分かった。不思議なことに、これはレプリカやリトグラフ、あるいは絵の写真をポスターにしたものでは起こりえないことを発見した。陳腐な言葉でいうと、絵には魂があるからということになる。絵は人間同様世界に一枚しかない。

絵が鑑賞者との間で動き始めるとき、そこではいったい何が起こっているのだろう。絵は画家の「見ぬ夢」である。彼らはその夢を見てはいない。見られた夢は、他人の中には入っていかない。「見ぬ夢」は他人の心に夢を喚起する。鑑賞者がその夢を「見る」。このように自ら見ぬ夢を描き続けるのが画家の仕事なのだと思う。そのような力のある作品こそ名作と呼ばれることになるのだろう。

さてこのような「魂の四次元的交感」とでもいうべき事態は，実は精神分析の本質なのだ。絵が本物でなきゃ鑑賞者の心には何も喚起されないのと同じことで，分析を受けなきゃ精神分析という体験はその人の世界のどこにも位置づけられることはない。至極当たり前のことだ。だが精神分析には絵がない。分析者と被分析者がいるところにだけ存在する。絵は画家の見ぬ夢だと言ったが，精神分析はその形が四次元的であり，二人の人の関係の中にしか存在しないのだ。では精神分析の絵はどこにあるのだろう。その二人の間では絵を描くのはもちろん被分析者の方だが，分析者は鑑賞者の位置に座したままでいるわけではない。分析者の心は被分析者の夢を夢見てそれが形をもったとき解釈となる。解釈が言葉として発せられたときそれは，再び見られるべき夢となる。夢見るべきは解釈を与えられた被分析者だということになる。そういう交感なのだ。つまり精神分析は二人で見る夢，相互の夢見だという言い方ができる。

分析者に分析体験が欠如している場合，起こりうる事態は深刻である。分析者の解釈はレプリカやリトグラフに堕してしまうかもしれない。ものの本や理論から引っ張り出した，魂の抜けたものとなる。そして治療者の無意識的な夢すなわち逆転移は行動化される。だが，分析者に分析体験があるからといって，その解釈がレプリカにならないとも限らない。その危険は常にある。だが，分析体験をベースにしていると，おそらくそれに気づくのが圧倒的に早くなる。「ああ，苦し紛れに」，「ああ，誘いに乗ってしまって」，「ああ，いい気になってしまって」と様々なかたちではあるにせよ，おそらくすぐに「ああ，今やってしまった」と感じるはずである。だが治療者に分析体験がないと、いつまでたっても自分のしたことに気づかないだろう。もしかしたらスーパービジョンの中では気づくかもしれないが、そうなると、面接室における展開には一週間遅れることになってしまう。

さて、写真ではどうか、映画はどうなのか、そもそも量産できるところの文学はどうなのか、という疑問が起こってくる。これらには魂はないのか。ここでは公衆化・公共性・パブリシティという複雑な問題を考える必要が出てくる。これはかなりやっかいな問題だ。パブリシティは内的対象関係に根ざしている。絵画はそれ一つしかないが、写真や文学はいくらでもプリントでき、どこにでも運んでゆける。そこにはソフィスティケーションがある。そこには次元の違いがあると同時に思考の進化過程があるということもできる。同じ夢を二度見ることができるだろうか。不思議なことに、それができてしまう人たちはいる。あるいは、途絶した夢の続きを見ることができる人だっているのだ。だが、残念ながらそれは夢ではなく、幻覚というものである。

第11話　プライバシーとパブリシティ、あるいは抑うつポジション
——夢見の舞台としての精神分析

精神分析というのは、いたってプライベートな営みである。フォーマルな設定の分析の場合、土曜日と日曜日以外の週日、毎日分析家に会いに行き、五十分間カウチの上で横になる。天井を見るなり、目をつぶるなり、電灯を見るなりしながら、自由連想したり沈黙したりする。そして、おもむろに分析家が解釈し始めるのを聞く。それに同意したり、反論したり、無視したり、怒ったり、泣いたりする。ここには二人しかいないし、セッションの間に他に誰も入ってこないことが保証されている。全くもってプライベートな時空間なのだ。

当然だが、ある日のセッションは再現不能で、患者であるあなたと分析家との組み合わせは取り替え不可能だ。分析家がセッションの記録を書こうが、あなたがセッションでの話を誰かにしようが、それらは分析セッションではない。それは音楽が録音再生可能であることとは全く違った意味で、録音・記録不能なのである。したがって、精神分析におけるプライバシーとは、一回一回の出

会いがその一回しかないことを保証するものであって、それは複製しえないことを意味しているように見える。

これは実物とレプリカという関係性を思い起こさせるだろう。「芸術作品は実物でしか体験しえない」という、至極もっともらしい命題がここで立ち上がる。私はこれに今も同意するし、ある次元ではこれは真実なのだと思っている。というわけで、私は長らくこの再現不能性、つまりは一回性が精神分析を芸術領域に親和性をもたせる性質なのだと思ってきたのだ。だが、果たして本当にそうか。敢えてそこに疑問符を打ってみたい。

この再現不可能性という性質は、「セッションの内部での分析的事象を外部に持ち出すことができない」という単純なところに位置するものではない。これは夢について考えると分かる。あなたは夢を見る。だが同じ夢を二度見ることはできない。それでもあなたはその夢を分析家に報告する。それは夢の「報告」なのであって、報告した時点ですでにあなたの見た夢そのものではない。夢の「話」なのだ。そもそも夢はまとまった「お話し」などのかたちで現れることは滅多にないだろう。だが、治療者としてそれを聞く場合、事情は全く異なってくる。分析的治療者にとって夢の報告を聞くのは面白いし魅惑的だ。夢を二人で探索する。だがここで起こることは、単なる夢についての情報交換ではない。気がつけば夢は、別のかたちで治療者と患者との間で演じられ始めている。夢は分析設定という再演の舞台を得ている。そこで夢を語る患者と夢を聞く分析家は、自分たちが新たな夢のステージに上がっていることにはたと気づくことになるわけだ。だから、これは語られた夢以上の「上演（performance）」となる。夢の情報というレプリカではない。このようにして見られた夢は、すでにパブリッシュされているといえるし、プライベートでなくなっているのだといえる。さらにこれは、分析時空間において「分析家に対して」パブリッシュされたということばかりではない。「自分自身に対して」も、語ることによって「公（public）」になってしまったわけだ。語ることによって、新たな局面をもたらしてしまうことは何も夢を語るときばかりではない。それは「知ること（知ってしまうこと）」にも似ているが、少し違っている。

少なくとも「あ、言っちゃったよ」という驚きが語った本人にももたらされる。もっと、もっと、事態はシリアスになることだってある。言葉が転がり落ちる、とか、言ったことが一人歩きするとか、様々な表現があるかもしれないが、要するに言葉が発せられてしまうということはそれだけで、公衆化したことなのであり、どうにも取り返しがつかない何かを産んでしまったことになりえるのだ。これは比喩ですらない。

というわけで、プライバシーとパブリシティは自ずと内的な弁証法関係にあるということになる。内に秘めていればプライバシーであり、公になったらパブリシティというのではあまりにも単純すぎるわけで、心の中で言葉になってしまった時点で、時すでに遅し、それはなんらかのコミュニケーションのダイナミズムを準備してしまう。最近の社会現象はそれを物語っている。

たとえばツイッター（Twitter）。これは「つぶやき」と訳されているが、もともと鳥のさえずり、しかもかなりネガティヴなさえずりを意味するわけで、どちらかというと、もともとの英語の意味は、あざけりやさげすみの言葉をぺちゃくちゃしゃべることである。私はよく知らないので、的外れなことを言っているかもしれないが、これを「内心のつぶやきを言葉にする」などというおめでたい意味にとっているのは、もしかしたら日本人だけなのではないか。もっと悪質な感じがするのが'twit'という単語だと思う。'tweet'というピーチク・パーチクに相当する言葉もあるが、'twit'はそれよりもかなりネガティヴで微妙なのだ。

ともあれ、ツイッターはいくぶん被害的な自由連想だといえるのではないだろうか。つぶやきを言葉にしたとたんにパブリシティにさらされ、公から批判されたり、賛同を得たりする。これは一昔前までなら、超自我体験と呼ばれていたかもしれない。精神分析という空間を想定するなら、妄想分裂ポジションにおける体験と非常に似ていると私には思える。ビオンふうにいえば、自我破壊的・超-自我的かもしれない。

話し始めたとたん、いや、言葉として形をもち始めたとたんに、それは概念となり、独りでに誰かが見つけるところとなる。それは犯罪を同定し、プロパガンダを形成する。人の心はこれでは安全にはなりえない。だが、こと精神分析では、このような心的態勢から始まるものの、このプレッシャーに容易に動かされることなく、繰り返し被害感を抱えてくれ、理解してくれる分析家という存在に会うことで、次第に違った経験が生まれてくる、それが私の実感である。

私がロンドンでトレーニングを受けていた頃、「ビッグ・ブラザー」というテレビ番組が非常に高い視聴率を獲得していた。二十人くらいの大人を一定期間、いたるところにカメラを仕掛けた一つの大きな屋敷に閉じ込めて、ただその「日常のように見える非日常の映像」を放映するという悪趣味な番組である。模倣版と思われる日本の「テラスハウス」よりはかなりどぎついものだった。ただ一つの決まり事は、ビデオカメラの備えつけられた懺悔部屋に週一回赴き（まるでサイコセラピーのパロディーのようだ）、追い出したい人の名をそれこそつぶやき、多数決で一人ずつ排除してゆくというルールである。そのビデオカメラの奥にいると想定されているのがビッグ・ブラザーなのである。つまりそれは実態のない人物であると同時に、視聴者（パブリック）という主体性のない怪物／神である。

私は当初この番組を実にくだらないと思っていたが、タヴィストックの同僚たちは、毎日、ああだった、こうなるんじゃないか、などと話題にしたがった。だからどうしても見ないわけにはいかなくなり、私は渋々見始めていた。最初はのぞき趣味のようでまことに不快だったが、それでもいつの間にやら目が離せなくなってしまった。あの二人がくっついて何やらやり始めた。誰かが追い出された。ペテンを仕組んだはずの張本人が。えーっそんなことが、等々、考えられないことが起こるのだ。大の大人のすることとは思えない出来事が、実際に良識のあるはずの人たちの中で起こっていく。その「類プライベート空間」が、何百万人の目にさらされている。しかも、たとえばそこで起こった人種差別発言が社会問題となったり、性的スキャンダルが堂々と繰り広げられたりする。自分たちは人前にいるのだ、という感覚を保持できるのはもはや最初の数時間だけなのである。発言者や当事者が実際のところ批判の的となったり社会的に葬られたりする。あるいは一般人が、一躍有名なレギュラー番組をもつ芸能人になったりする。短期間でそんなふうに不幸になる人と幸福になる人がある。そもそもこのメンバーには、一般人ばかりでなく有名な芸能人、あるいは現役の国会議員などが入っているから余計に目が離せない。限りなくバーチャルに近い現実である。

　だが、この異常な世界は架空のものではなさそうであるし、とてもリアルだった。あれほどにまでロンドン子を虜にしたこの悪趣味な番組は、ある面、疑似芸術的だったし、見方によっては悪しき分析的体験に近いものだったのではないかと私は思う。精神分析には確かにこのような体験になりえる危険性が潜んでいる。いや、そうならざるをえない一時期があるかもしれない。だが、そこで終わるものであってはならないと私は思う。

　まだ見ぬ夢を作品化するのが画家の仕事であると私は言った。見ぬ夢はベータ要素などと言ってしまえば身も蓋もないのだが、「喚起する何か」ではあるだろう。芸術作品というものが一回性、再現不可能性をその条件とするのであったとしても、実はそれが鑑賞者の心に何度も何度も感動を立ち上げ、個別の感動というものを再現する。それをレプリケート（複製）ではなくリクリエイト（再創造）と言うのだと思う。これはリペア（修復）なのだと言ってもいい。これは転移における反復強迫とワークスルーとの関係に相当するだろう。あるいは、この反復やレプリケートは芸術家の日々の鍛錬や、繰り返しできてしまう失敗作や、そういったある種の繰り返しが生んだ運動の帰結であるともいえる。こういう「新しさへと開かれた繰り返し」が科学と芸術との接触点というか、交点となっているのである。

たとえば、ナショナル・ギャラリーにあるドガの『踊り子』は、止まって見えたり動いて見えたりする。ドガは当時写真というものに感激し、写真を見ながら踊り子を描いたらしい。だから絵が写真以上に止まって見えるのかもしれない。ドガは、ターナーが蒸気機関に対して抱いた感動と共通点をもった何かに動かされていたのではないか。その時代の科学性、すなわち究極の再現可能な運動、すなわちそれがコミュニケーションであり言語というものの本質だろう。したがって、科学は再現可能性を追求した究極的言語を目指しているのだといえる。

ではこの反復可能な喚起性の本質とはいったい何なのだろうか。不安とか感動とか、そういった情動を何度でも喚起できるものとはいったい何なのか。それは一回性と再現可能性の弁証法がもたらすものなのだろうか。芸術と科学の対話がもたらすものなのだろうか。この芸術的喚起性とは、鑑賞者の心の内部にある種の原初的体験を呼び覚ますことなのだと私は思う。つまりこれこそ、メラニー・クラインが内的対象 inner (internal) object と呼んだものの正体である。内的対象となりうる作品こそ芸術的喚起物なのであり、作者の身体が生きていようが死んでいようが、人間の文化を生き残る。それが価値である。クラインが「良い対象」と呼んだもの、それなしに人は生きてゆくことはできない。その心のあり方を彼女は「抑うつポジション」と呼ぶ。

第12話 文学性の所在

精神分析の「文章」には、「これでもか」というほど文学が引用される。シェイクスピア、ゲーテ、ミルトン、様々な文学がそこに氾濫する。思春期を語る分析家は高頻度でカミュを引用し、カフカについて語る。アメリカ版のティーンエイジャーならばホールデンくんがおきまりの役者だろうし、エディプスのはなはだ込み入った美しい進化形を見たければドストエフスキーに浸ればいい。羨望について論じる分析家は必ずや『オセロ』のイアーゴを登場させる。ゲーテの『ファウスト』は美意識と病理的組織化をこれ以上ないというほどの精緻さで描いているとされる。文体によってはじめて感覚が意味化されるという点において、性倒錯と美と時間との関係化はプルーストの『失われた時を求めて』に描かれているように見える。ナルシストの代表格はまず間違いなくオスカー・ワイルドのドリアン・グレイである。日本文学でいうと、夏目漱石が格闘した対象関係は、単に西洋文化から侵入した個人という異物との葛藤ばかりではなく、内的にはナルシシズムというものなのだということは明白だ。『行人』などその典型である。さらには現代文学において、貴と賤なるものの対比、そして語りの文体において、エディプス神話から脱走しようと試みたかに見えるのは中上健次であった。このように文学は、精神分析が概念化したい様々な肖像に充ち満ちている。そこには多くのエディプスがいてたくさんのイアーゴが潜んでいる。

さて、まずここで区別する必要があるのは、精神分析について語ることを目的とした、あるいは精神分析について他人と何かを共有することを目的とした精神分析文献が、文学とどのような関係性をもちうるのかということ、そして精神分析という作業そのものがいかに文学性をもちうるのかという二つの問いである。この二つは時として混同されるが、実は全く次元の異なる問いなのだ。

ではまず、精神分析の文献は文学的たりうるのだろうか。精神分析文献における文学との接点を吟味してみると、フロイトの「グラディーヴァ」のように文学を精神分析する文献と、クラインの「ファビアン」のように概念を説明するのに用いられる場合とがあるように思うが、どちらにせよ文学が用いられるゆえ、その論文自体文学なのではない。とはいえ、文学を引用しない精神分析文献を探す方が難しいかもしれない。日本だと土居健郎は夏目漱石について本まで書いている。さて、でもそれほど精神分析の文献は文学と直接的な接点をもっているのだろうか。

そもそもフロイトのエディプス・コンプレックスでは、人間の原初的葛藤を神話に発見したといえるわけで、彼はそれが神経症性の葛藤の本質だと想定したのだ。つまり、フロイトは物語によって経巡る人の関係と欲の本質を発見した。これを構造の視座から見ると、個体としての人は死んでも物語は延々と繰り返され、人間は死なないということになる。歴史は繰り返すならそれはそれでありなのかもしれない。神話には情念と欲と関係が描かれるが、完結することによって時間を超越してしまう。つまり、神話は振り出しに戻ることになるために死なない（死ねない）のであり、それが喪失の苦難を描く悲劇であったとしても、悲劇であるかぎりにおいて死を死ぬことにはならない。それが「外部」へと位置づけられることはありえないのである。すなわちフロイトが発見した精神分析という方法は、エディプス・コンプレックスのワークスルーをその作業の中心においてはいるが、それは壊れた物語を修復することではなく、物語の外部へと開かれることを意味している。それは全くもって簡単なことではない。それが彼の創出した精神分析という方法によって可能になるということが、彼の天才性の所以なのだと私は思っている。だが、精神分析のみがエディプス・コンプレックスを解脱する唯一の方法であるという主張をしようというのではない。

語りというものが、物語を次世代へ、個体の外へと運搬する運動なのだとすれば、物語は語られることによって死ぬことのできる肉体を得始める。この声によって神話の時間がやっと現在へと開かれることになるのだ。だから物語が生きるためには、あるいは死ぬためには、声が必要になる。声に出さねば何も世界へと開かれない。ナルキッソスもエコーも死ぬことを許されないがゆえ、生きることができなかったといえる。

二十世紀文学の担い手たちはあの手この手を使って、この神話の呪縛を逃れようと試みた。生きようとした者もあれば、なんとかして死のうとした者もある。作家に自殺者が多いように見えるのもそのせいなのかもしれない。彼らは、閉じることのない開かれた成長する時間を得ようと円環的物語時間の中でもがき苦しんだ。その精神の苦闘が「アドレッセンス」という存在を発明した。それは社会的存在となる。そういう意味においてアドレッセンスとは二十世紀文学が生み出した存在なのだ。その担い手が先ほど挙げたカミュやカフカたちである。彼らなしに現代的アドレッセンスはなかったとタヴィストックのアドレッセント・デパートメントの長だったアナ・ダーティントンは述べている。

だから、いったい何が言いたいかというと、それは最初の問いについてである。つまり精神分析の文献は、文学でありうるのかどうか。その答えは考えるまでもなく明白だ。否である。精神分析文献は文学ではない。上述のような物書きたちの苦闘は精神分析ライターには全くないのである。しかしながら、本当にその二つは本質においても無関係なのか。

感覚的なるもの、情緒的なるものに対し神話によって形を与え、円環の時間の中へと解放すると同時に封じ込める。その円環の時間から自由になるべく、現実の感覚すなわち他者の聴覚領域へと不安という情動とともに侵入し毒や栄養となる、それが文学の目指すところとするならば、精神分析という営みの方は、結構な割合でそこにふれているようにも思えてくるのだ。

私はいっとき、精神分析という営みは文学的なるものと直接関係していると考えていた。だって、分析は言葉を通じて行われているように見えるし、患者たちの語りはまことに切実で、分析関係において生じる事態はときに「劇」的である。スーパービジョンに持ってゆくプロセスノートの文章表現は豊かであるに越したことはないし、面接室の空気感まで描くことが歓迎される。

だが、精神分析文献に文学が汎用されるからといって、それが精神分析と直接的な接触をもっているというのではないことは前述のごとく明らかだ。プロセスノートなど別に文学的である必要はないし、そもそも表現に工夫を凝らしすぎると必要なナマの素材が不要な加工を被ってしまうかもしれない。これはノートに限らない。文学的詩的表現の解釈など精神分析に必要とは思えない。セラピストが患者の気づいていない自己を照らし出すことができ、それを患者が受け入れることを助けられるならどんな言葉であってもいいのだ。こうしたことから、最近特に精神分析のアプローチ自体が文学と近いのか遠いのかが私にはよく分からなくなってしまったのだが、やはりその二つの営みに共通項を見つけることもできるではないか、そしてその共通項は人のコミュニケーションやパーソナリティの成長というものの本質と関わっているのではないだろうかとも思うのだ。

精神分析はその方法において言葉を使わないでは成立しない。だがそれはあくまで話し言葉と内的言語である。言語を含むより高次の対話なのだ。だから、精神分析は言葉によってのみ成り立っているわけではない。精神分析は神経症の治療法としてフロイトによって発見創始され、症状として表現されている抑圧された性愛を解放すること（鬱積リビドーの解放）、エディプス的願望成就の不可能性を受け入れること（エディプス葛藤の解決、物語からの解脱、万能性の放棄とともに可能性へと開かれること）、さらにはイド衝動を自我という構造の支配下におくこと（自我の拡張、対象への存在論的シフト）など、その方法論と目的意識は、フロイトの人間心理学モデルの変遷とともに変化してきた。

その後の精神分析の目的論と方法論とにおいて大変革を成し遂げたのは誰がなんと言おうとメラニー・クラインである。私にはそう信じるだけの実際上の理由がある。それらの新たな概念は思弁からではなく，彼女の分析臨床現場から騒々しく発生した。彼女は図らずも様々な子どもたちを産み落とし育てた精神分析の母となった。彼女はフロイトのエディプス・コンプレックスを脱構築し，去勢不安から原光景空想へとその価値の中心を書き換えた。乳児に萌芽的だが活発な自我を想定し，その機能の中心を投影と取り入れとにおいて，「現実と空想において世界（母の身体）と関係する」乳児像を描き出したのだ。こうして彼女は精神分析を神話の世界から心的現実世界へと解放した。

さらに彼女は投影機制を対象関係のもとに洗練した。投影同一化という概念である。自己の望まれない一部，これは機能，感情，能力，不安などの要素を含むわけだが，これらの望まれない自己部分を対象に投影することで不安に圧倒されることから身を守る乳児という姿が描かれる。ここで彼女はエディプス・コンプレックスに止まらず，精神分析の目的すら書き換えることになる。つまり，「投影同一化によって失われた自己部分」の回復修復という目的である。それは傷ついた対象の修復を通じて成し遂げられる，すなわちその修復の鍵は抑うつポジションの達成という価値意識の獲得ということにある。これが彼女の最大の発見だと私は思う。精神分析と文学という考察は，抑うつポジションという概念とエディプス・コンプレックスを結びつけることによってクラインが成し遂げたことの絶大な変革に直接関連していると私は思う。

フロイトが発見したエディプスの悲劇には円環的時間性が想定され（反復強迫）、反復的セッション構造（週六回、一回一時間：フロイトの時間設定）における転移の生成、内的神話の反復、分析者の視線による脱反復、こうして円環的時間が成長へと開かれることになる。

これがフロイトの言うワークスルーの本質であり、ビオンの言う破局的変容である。自己と対象とのナマの出会い、現在という時間における出会いである。これをコミュニケーションと呼び、人々はこれに脅かされ（ビオン）、そして、対象にふれるという新たな時間を体験する。精神分析は極言すれば自己と内的対象とのコミュニケーションを発展させる方法なのだ。したがって、精神分析は臨床現場においては、物書きたちと同様の志向性をもっているといえまいか。つまり精神分析文献は文章において作家たちのストラグルをなぞるのでは決してないということだ。精神分析は全くもって疑似文学活動ではないわけだ。精神分析における生と死のリアルなせめぎ合いは、分析家の面接室の中でしか起こりえない。したがって、精神分析の文学性は精神分析文献にあるわけではない。それが存在するとすれば面接室において他にはないだろう。

精神分析というものはまことに不思議である。いったいこれはナンなのだろう。治療であるとも言えるし、そうではないとも言える。自分を探求することと言ってしまえばそうかもしれない。だが、それは自分とセラピストという二人の人物でやることになっている。だから自分だけの探求ではない。セラピストの視点からすると対人援助ではあるわけだが、それだけで語れるものでも決してない。このように精神分析という営みをカテゴライズすることはとても難しい。メタ・心理学などというカテゴリーでは納得できない。それでもどこかに位置づけたいという欲求は、またそれはそれで切実だ。だからこそ私はこんな変なたとえ話なるエッセイを書いている。

さて、それでも精神分析を位置づけようとするとどうなるのだろう。最も広く受け入れられていて、まあそんなモノだろうか、と思える精神分析の位置は、科学（医学）と教育（育児）と芸術（表現）という三領域をまたいだどこかである。さらに、この三角形を立体的な三角錐にするには、おそらく宗教というもう一つの頂点を加える必要がある。私もこの考えに同意する。だが同時に宗教については他の三つの頂点とは違った次元に位置づける必要があるだろうとも思っている。宗教についてはそのうち取り組むとして、やはり精神分析と文学の位置関係について考えたい。

精神分析は、そもそもフロイトがヒステリーの治療法（セラピー）として発見したものだ。一つの医療技術のはずだった。神経学者としての出世をあきらめた彼は神経科臨床医として開業したわけだが、患者たちはフロイトに神経学的治療以上の作業を求めた。それは患者たちの語りを聞くことであった。患者が過去の切実な体験に脅かされており、語りがその体験をなぞるときに治癒らしき変化が起こることを彼は発見した。これだけならカタルシス、つまり過去の体験を実感とともに再体験できて、そのときの感情が発散できたら病気は治る、そんなモデルでしかありえなかった。無意識という領域にそれらの切実な体験は感情もろとも抑圧されている、そのとき彼はそう考えていた。

抑圧されたものは、様々なかたちで患者の生活を脅かす。症状である。それは身体症状であったり、悪夢であったり、対人関係における悲劇の不思議な反復だったりする。そうならば治療の方向性は自ずと明らかで、抑圧によってゆがめられた過去の体験をよく吟味できるよう意識の器官を広げることを手伝えばいいということになる。だがことはそう簡単ではなかった。

フロイト自身、父の死というクライシスをきっかけにブレイクダウンを起こし、神経症状態に陥ったのだ。これは切実である。彼は藁をもつかむ思いからか、自分の夢を探究し始めた。いやおそらく彼は夢に脅かされ始めたのだ。彼は友人のフリースに依存し始める。何百通もの手紙を定期的に送りつけた。文通とはいえ、それはかなり一方的なものだった。フリースの返事に期待するよりも、彼は手紙で告白する自らの夢解釈に頼っていた。ご迷惑な執着を伴った一方的な告白だが、それでもここが天才たる所以、彼はどんどん自己探求を進めていく。そもそも窮地でこそ「夢」をつかもうとする、それは創造的なる人物のすべてが行うことに違いないが、それを方法論として意識的にフォーミュレイトしたフロイトはただ者ではない。そこから彼は本来的な意味での精神分析の方法を発見したわけである。

その方法は何から成立していたのだろう。カウチに寝て自由連想するというのは、もともと彼の患者が発見したことなのであって、彼のオリジナルではない。だがその方法が、他人に手伝ってもらって行う自己探求には最も適したやり方なのだと発見したのは彼自身であった。

フロイトが発見した精神分析の方法の構成要素には、内部からのメッセージとしての夢の筋書きを書き起こし、そこに隠された無意識的思考の暗号を探究する恒常的作業があった。自己探求のリズミカルな恒常性である。別の言葉でいえば作業の周波数である。相手（対象、パートナー、援助者、受け手）が一人であるという恒常的対象の必要性が二つ目だ。それがフロイトの場合にはフリースという転移を可能とする人物であった。三つ目としては一つ目と重なるが、夢という無意識に開かれた空想生活の探究である。

今ふうに言い換えるならば、一つ目が「設定」、二つ目が分析家という「転移対象」、三つ目が「無意識的空想の展開」となる。さてこうなると精神分析はもはや治療には見えない。設定、対象、空想、これはやはり芸術の領域へと自然に進むべき組み合わせである。

ああ、いつもながら前置きが長くなってしまった。今回も文学がテーマのはずだったからそれについて考えねばならない。実は今回、夏目漱石について書くつもりだったのだ。あなたは日本文学なら誰を好んでお読みになるだろう。村上春樹？　吉本ばなな？　中上健次？　安部公房？　だんだん古くなっていってしまう。恥ずかしながら私は最近の日本文学を知らない。これは面白いですよというのがあれば教えてほしい。精神分析の領域に読書時間を食われてしまうので、ほとんど他の領域の文章が読めなくなってしまっている。悲しい職業病である。そもそも、精神分析の文献などというものに文学的味わいを求めたって、応えてくれるものではない、ということは以前にも考えた。精神分析は文章でできてはいない。これは明らかなことである。精神分析は分析設定と非対称性の二者の接触、そして分析プロセスという無意識的空想の展開によって成り立っている、とさっき言ったところだ。

要するに精神分析は文学という営みとは無縁である。だが言葉でやりとりすることが多いということには違いはない。文章が使われる。それは分析セッション内もそうだし、スーパービジョンでもそうであり、著作における理論の提示においてもそうである。

だが、精神分析を芸術の領域に一時的に停泊させるのであれば、文学となんらかの接点を見出す努力はしてもいいはずだ。思うに、それは連想や解釈という分析の言語的部分にではなく、設定の部分に見出せる。そしてそれをつなぐのは夢だということは間違いない。音楽のときにはリズムと設定について書いたが、文学では設定と構造である。

最近の日本文学の作家は知らないから古い人で話をしよう。やっぱり漱石だ。今どき誰も読まないのだろうか。だが今もこの人と森鷗外とは日本文学における二大巨頭であることには誰も反論しないだろう。夏目漱石の小説にも森鷗外の小説にも明らかに美しいリズムがある。

夏目漱石のリズムはチャプターの長さの恒常性によって作られていると思う。速さが変わらないのだ。いかにもジャズ的である。これはなぜなのだろうか。『明暗』など美しいばかりのテンポをもっている。百八十八章までぐいぐい同じテンポが続く。おそらく夏目漱石の文学的創造性はこの章立ての恒常性の中に隠されていると私は勝手に考えて悦に入っている。文学に関しては全くの素人だから、勝手な放言を許してほしい。さてその恒常性は何から来るのか。

新聞連載である。要するに彼はほぼ毎日書いていたのだ。しかも一回一回が大衆に向けられている。人に読まれる「想像」なのだ。これは奇しくも精神分析の構造と一致する。毎日分析である。精神分析的に進まぬはずがない構造なのだ。彼は夢を毎晩見たに違いないし、それが『明暗』の暗だったのだろう。彼はプロの物書きだから、一応の構造的目論見やモチーフはあらかじめ想定して書き始めていたに違いないが、朝日新聞入社後の作品は、毎日の恒常性ゆえどんどん独りでに成長してゆくように見える。そのプロセスの成長を読者は驚きとともに体験できるようになっている。漱石自身もまたこの創作から多くの驚きを体験したに相違ない。夏目漱石の作品はどれもが自己探求である。『明暗』はことに美しい。だが掘り下げるテーマが彼自身にとってあまりにもトラウマティックであり、女性の心の内という彼にとっての禁じ手がテーマであったがゆえ、一人では完結できなかったのではないかと私は思っている。雑な言い方が許されるならば、『行人』の軸は憎しみであり、『明暗』を貫く心は愛だと思う。

彼は生後三カ月で夏目家から八百屋さんだか道具屋さんだかに里子に出された。彼の実母は高齢出産だった。望まれぬ妊娠だった。しかも一歳になったとたん、さらに別の家に里子に出される。猫のように捨てられ拾われる。彼がミッドライフ・クライシスにあたり、猫になって一度死んだのは当然のことのようだ。そこから彼の創作が始まったと見ていいと思う。

さて、絶筆の作品『明暗』は作家の魂が、身体を破壊してしまうほどのものだったことを例証する。女の真意にふれそうな予感が去来する。だが、彼が追い求めた女は彼に対して無頓着であるかに見える。『明暗』の中ではこうだ。

作中の主人公・津田は、自分との結婚を確信していたはずの清子が突然誰か別人との結婚を決めてしまったことの意味が分からない。うやむやのうちに彼自身も非の打ち所のない細君をもつにいたる。延子である。延子は自分が津田に愛されていないのではないかという疑いを抱く。これは愛されぬ赤子としての漱石自身の魂の幻影であるかに見える。だが延子は愛に生きることを誓う激しい意志をもった女性である。津田の女への激しい恋い焦がれは、延子によって彼への愛として抱えられているが、そのことに津田は気づかない。とにかく延子は愛することのすごみに満ちている。津田は、その愛に応えることができないが、暗部へとなびく自らに純粋無垢なる愛を回復することを望んでいるように見える。

だが、ことはさらに暗転する。こともあろうか、津田は嫁ぎ先で子を流産して一人温泉治療に来ている清子に会いに行くのだ。それは親戚という家族文化の権化たる吉川夫人にそそのかされて仕組まれた邂逅である。吉川夫人はこの作品中では非常に重要な位置を占める世間という名にふさわしい女性である。津田は清子の本心が知りたい。どういうつもりで、どう考えて生活しているのか。自分はいったい彼女にとって何だったのか。彼は会いに行く。清子は予想に反して平常である。津田は彼女の意図が分からないし、そもそも意図などなかったのかもしれない。津田は愕然とする。そこで絶筆、漱石が死んだ。

これは漱石の来歴を考えると明らかに偶然ではないと私は思う。彼は女性・母の意図を考えあぐねていた人である。事実彼には三人の母があった。生みの母、三カ月から一歳までの母、そして育ての母である。『明暗』において、津田をめぐる三人の女性が絡み合うのも偶然ではないだろう。彼の統合の試み、愛の回復の試みは中絶する。だが、この小説のリズムは宙づりになってはいないと私は思う。さらに読者の想像力を力強く押してゆくリズムが躍動するかの錯覚に陥る。

この物語のリズムの恒常性は、漱石の身体の恒常性を超えてしまったのかもしれない。謎が目の前に現れ、その内部へと分け入ることができる可能性が開けたとき、急に物語は作家の身体の死によって中断されてしまった。小説自体が謎化したという見方もあるのかもしれない。私には、漱石の『明暗』が、カフカの『城』と同種の謎をもっていたと感じられる。城を前にしたところで小説が閉じられぬまま閉じられてしまうがゆえ、さらに謎は険しくその裂け目を向けてくると感じられるのだ。

「則天去私」と漱石は言う。彼のいう天とは何だったのだろうか。世間というものだったというのが定説のようだ。メラニー・クラインであれば迷わずそれは天／世間ではなく「良い対象への愛」なのだと言うだろう。それがエゴ・自我の核だと。小説の暗部の極が始まろうとするところで漱石が肉体的に死んでしまうのはなんとも残念だ。そう思うのは私だけではないだろう。自己探求の作業がリズムと読者の目という対象によって守られるだけでは不十分だったのだろうか。

私はタヴィストックに留学していた頃、ジル・ヴァイツという分析家のスーパービジョンを受けていた。彼女は、私の患者があるトラウマティックな過去を話したときの素材から連想して、思い出を話してくれたことがある。それは若くして亡くなった将来を嘱望された彼女の同僚Tの話だった。彼はラテンアメリカ出身の有能な分析家だった。ビオンとメルツァーを消化して分析臨床ができたのは、今思うに当時彼だけだった、とジルは私に言った。Tは四十五歳のときに、急速にワーカホリックになっていった。タヴィストックのスタッフはみな彼が仕事をしすぎることを分かっていて、有能な彼に患者を回し続けた。ジルは彼を心配していた。彼は、毎日十二セッション休まず思春期患者との分析を行った。

'He suddenly died between the patients.' ジルは後に彼の最後の患者を引き継いで受け持った。十七歳のラテンアメリカ系の思春期女性だった。その女性がTに語ったのは、生々しい置き去りの体験だった。その女性は乳児院で育ったにもかかわらず，母に置き去りにされた日のことを覚えていると言い張り，その情景をTに描写して聞かせたのだった。そのセッションのあと，Tは脳出血で亡くなった。後を引き継いだジルとのセッションで患者は，それは記憶なのかどうかもよく分かりませんと言った。Tも実は生後すぐに乳児院に引き取られた人物だった。死に別れではなく，捨てられたのだと彼はジルに話したことがあった。ジルはTにもう一度分析を受けることをすすめれば良かったと思っているとくやしそうに私に言った。私はそれを聞いたときにも漱石の『明暗』を思い出していた。

第14話　夢の力：その一、中上健次とフロイト

中上健次という作家がいた。好く評価されるなら「路地の作家」、「紀州サーガ」という作品世界を構築した天才といわれ、悪くすると「品のない土方作家」などと揶揄されもする。面白いので評価などどちらでもいいのだが、中上健次という人、私にとっては、「夢を突きつける作家」である。彼の作品を読むと必ず夢について考える。だから、「よし中上健次について書くぞ」と思ったら、結局夢の話をしたくなってしまう。そしてなぜか、どうせなら精神分析を産んだフロイトの夢について考えたいとも思うのである。また大それたところへと向かいそうな危機感。さらに困ったことにフロイトは文学ではないじゃないか、ということにもなる。いくら文学的でないとはいえ、フロイトの夢はやはり面白くて仕方がない。だから、ちょこっとこれから脇道にそれて、文学ではなく夢の話をさせてほしい。

とはいえ、これ実は脇道でも何でもない。つまり、フロイトの夢を考えるなどということ、「たとえ話」としては脇道にそれるとはいえ、これこそ「精神分析の王道」である。気がついたら広場の

真ん中にいる自分を発見するかのようだ。中上健次を前座にしてしまうようで少々気が引けるが、精神分析体験についてあなたに話したいというのがそもそもの目的なのだから、たまにはフロイトという直球もありだろう。

さて、それでも今回の主役はあくまで中上健次である。私は彼の作品がとにかく好きだった。特に初期の作品は、月並みな表現だが美しく、そして激しくグロテスクだ。そこには土着血族の因果に絡め取られた人々の生活、愛憎から生まれる唐突で絶望的なリアリティがある。全く意図の不明確な、しかもむやみに暴力的であるにもかかわらず不可解に情に厚い父親、そして生活と性の源としての母、なまめかしい女たち、豊饒と慈愛の母、浮気性の夫をそれでも心底愛し、夫の浮気相手を殺意と嫉妬でもって憎む母、これら相容れない激しい女と母という対象が同一の身体において具現する「母なるもの」の存在が、主人公の路地生活を貫いている。その「物語」は、いや「事件」は、そのままだとあまりに未加工なので、読者はひそひそ言葉を交わし合う相手を探すか、ただ眉をひそめてうつむくだけかもしれない。それは人ごとにしておきたいような、近寄りがたい現実でしかありえない。

ところが、その「事件」が中上の文体にとらえられ、彼の描き出す熊野の風景と溶け合うとき、どうにも名状しがたい不釣り合いな美しさが生まれてくる。激情の中握りしめた土を隅々まで観察するとき、その中にぎらぎらとした太陽の反射、ふと青空を見上げてしまうような体験があるのだ。あなたはお読みになったことがあるだろうか。私は中上の初期作品にふれると、メラニー・クラインの『児童の精神分析』（一九三二）を読むときのめまい体験とどこかでつながっている感じがする（オリュウノオバよりはクラインの方が格段に頼りになる存在なのだが）。生《なま》だけどイマジナティブなのである。

たとえば、秋幸という男を主人公とした一連の物語が面白い。芥川賞受賞作である『枯木灘』では、腹違いの弟殺しにいたる暴力的なストーリーがぶっきらぼうに提示されているが、それが文学となりえたのは、ただ一点、彼の文章における視覚・嗅覚・触覚という研ぎ澄まされた感覚性の表現がその物語を解体し、ギリギリの線のリアリティを描くことに成功したからだった、と私は思う。さらに、おそらく止揚できない体験（中上の兄は酒乱の末自殺した）を、あるいは語れない神話を、彼は感覚化するばかりでなく「獣《けもの》化」した。そのままでは「事件」にしかなりえなかった出来事を感覚化し、さらには獣化により血肉を与えた。それを再び文章を書く行為によって人間的体験へと引き上げ、いわば心的実在化しているわけだ。これがリアリティを得るにはやはり夢の力しかないのである。中上のとった手法以外だと、語りはおそらく新聞記事になるしかなく、彼のように小説化することは不可能だった。この創作手法は外傷性ヒステリーの回復のプロセスに似ていると私は勝手に思っている。『枯木灘』を見るかぎり、中上健次という人物は、このように書くことでしか心的に生き延びることができなかった。彼は常に自分が暴力のたねを抱えていることに怯えているようだった。ここには治療者はいない。だから読者として「世の中」が必要なのだ。

「夢の力」、中上は書くときに発動されるエネルギーについてそのように呼んでいる。彼は創作時にしばしば自動書記状態に陥ると言っているが、これは創作的没我であると同時に、外傷性の解離状態なのかもしれない。中上は文字どおりの「夢の力」というエッセイの中で、日々起こる人情事件のどれをとってみても、あるいは不可解な殺人事件を見聞きするにつけ、どこかで間違ったならそれらはすべて自分がやってもおかしくない事件だと感じる、だから、やむにやまれず文章を書き始めるのだと語っている。その受動的な感情移入親和性（憑依性同一化過程）を「夢の力」と彼は呼ぶ。これが夢でなければ狂気となる。この夢の力が、作家・中上健次を誕生させたとともに、中上健次という一人の男を生き延びさせた力であった。

だが、『千年の愉楽』という作品にいたると、オリュウノオバという老女を語り手として登場させたことで、中上の世界は神話における円環的時間を得たかに見える。感覚性からの解放であり、夢を見るオバが彼の世界を見つめる目となり、記憶を可能にする。だがそれでは神話化するにとどまるため、円環時間の中におかれる。したがって彼の創造性は閉じたもの、先のないものとなることに彼は気づいていたように見える。このままだとエキゾチックな時間性をもてあそぶプレイグラウンドを得るのみになるだろう。

中上の初期の作品では、和歌山熊野の青年・秋幸の出自をめぐる物語が構造的骨格をなしている。その背景には被差別地域、つまり中上のいう「賤なるもの」と「選ばれしもの」という選民意識との相克がある。異母弟殺しをはたらいた秋幸と、そのような息子を自分の後継者として称える浜村龍造という父親の神話的関係性が描かれる。これだけだとありきたりなエディプス神話そのものでしかない。そこにナルシシズムや破壊性の止揚という人間的苦闘があるにしても、ありきたりである。これを描く彼の文章が美しいのにはわけがある。中上の文章鍛錬の方法が独特なのだ。彼の文体は一見同世代作家たちの文章を思わせるが決してそれらと同じではない。それは日本の古典文学、特に宇津保物語を激しく読み込み血肉とすることで生まれたらしい。言葉遣いと日本語としてのリズムである。今昔物語や宇治拾遺物語を乱用せざるをえなかった芥川龍之介との違いは、おそらく物語自体の骨格を古典説話からとっていないということだろう。あくまでも中上の古典とのつながりは、血と肉という言葉の肌触りとリズム、すなわち文体なのであり、神話それ自体ではないようだ。これこそが彼の独創的小説世界を構築した手法であり、彼の唯一夢を見ることのできる生き残りの方法だったように見える。

ところが、こと精神分析的な体験という次元から見ると、中上は全く夢を見ていない。読者が夢を見る。それゆえ、当たり前だが中上健次は必ずや、切実に読み手を必要とした。概して作家になるということはそういうことなのかもしれない。見ることのできぬ夢を書くという。精神分析的治療者がいない彼らは、公表（publish）し続けることで生き延びる人種なのかもしれない。

さて、中上の見ることのできぬ夢、つまり壮大な中上文学に対し、文学的にはなりえない、平凡な、だがそれはそれで創造的な夢がある。つまり「見られた夢」。どこにでもあり、健康な人なら誰でも見ている、誰に話すでもない夢である。唐突だけれど、「イルマの注射の夢」をご存じだろうか。そう、フロイトが見た夢だ。大げさにいえば、フロイトはこの夢を見て精神分析を産んだのだといえる。だからこの夢は全く平凡な夢ではない、ということにもなるだろう。フリースという少し年長の耳鼻科医との交流の中での自己探求、すなわち自己分析をすることになるフロイトだが、彼が一八九五年六月二十四日に見た夢である。フロイト自身はこの夢を『夢解釈』（一九〇〇）において紹介し、解釈を試みているが、公にできる部分のみを記載しているためにかなり中途半端な解釈になっていた。だが、この頃のフロイトの私生活が様々な手紙の公刊によって明らかになった一九八五年以降、精神分析家や精神分析史研究家が群がってこの夢を解釈した。この夢には確かに多くの創造的な含みと、フロイト自身の巨大な自己探求の執念が浸透している。この夢には実は精神分析出生の秘密といっても過言ではない要素が含まれていることが分かったのだ。それをこれから考えてみたいのである。夢自体はフロイトによって次のように報告されている。

広いホールにいる。多くの客を私（フロイト）が迎えている。その中にイルマ（患者）がいる。彼女に気づくと私は彼女を隅っこに連れていく。手紙を出して「解決法」を指示したのにそれに従わない彼女を非難するかのよう。私は彼女に言う。「もしまだ痛むのなら、それはまさにキミだけのせいなんだよ」。彼女は答える。「あのときの痛みだけだったらそうかもしれないですけれど、今はのども胃もおなかも痛むんです。息ができなくなりそう」。私は驚いて彼女を見る。青白くむくんでいる。これはもしかしたら器質的な疾患を見落としてしまったのかもしれないと自問する。私は彼女を窓のところに連れていき、のどを見下ろそうとする。彼女は抵抗を示す。あたかも入れ歯を見つけられるのをいやがる女性のよう。私に対してそんな態度を示す必要はないのにといぶかしく思う。すると彼女はちゃんと口を開ける。右側に大きな白い斑点がある。別の場所には、かなり入り組んだ構造物の上に灰色のかさぶたが広がっているのを見つける。その構造物は鼻甲介軟骨を思わせる――私はすぐにM医師を呼んでイルマののどを見せる。M医師はいつもと違った様子である。青ざめていて足を引きずって歩いてくる。ひげがない――友人のオットー医師も加わる。また別の友人レオポルド医師は彼女を服の上から打診する。「左側下部に濁音があるな」。さらに彼はイルマの左肩の皮膚部分に浸潤痕跡が見られることを指摘する。（私も服の上からでもそれが確認できることに気がつく）M医師は言う「これは感染症に間違いないね。だが問題ないよ。赤痢を併発するだろうが毒素は取り除けるだろう」――われわれもはっきりとこの感染症の発生源に気づいていた。少し前に彼女の具合が悪かったとき、オットーが彼女に注射していた。その注射薬物はプロピル、プロピルス……プロピオン酸……トリメチルアミン。（ここで、太字で刻印されたトリメチルアミンの構造式が私の眼前に現れる）。こんな薬物の注射なんて不用意になされるべきじゃない――おそらくシリンジも不潔だったのだろう。

これだけだと何のことだかさっぱり分からないし、いったいこの夢のどこに精神分析が生まれたことを示しうる要素があるのだろうと思われるかもしれない。何の変哲もない夢のように見え、訴える要素や大きな魅力を感じることもないだろう。要するにこれは「見られた」夢なのであり、換言するなら、夢を見た本人がその意味作用の多くを自分のものにしている。だから、この夢は聞く者にとっては喚起力に乏しい。中上の「見られぬ夢としての作品群」のような文学的喚起力がないのだ。だが、二百年を経た今日、フロイトの生活状況つまり前日残渣や当時の人間関係を歴史的資料から知ることができるようになった。これらの事実と照らし合わせてみると、この夢のとてつもない想像力と発見力、そして「夢の仕事」が姿を現すのである。

第15話 夢の力：その二、イルマの夢

フロイトのイルマの夢ほど、多くの分析家によって様々な解釈が加えられてきた夢はない。精神分析にとってとても重要な夢なのである。今回の話をするにあたって私は、おそらく十本以上の「イルマの夢論文」を読んだ。マックス・シュール、ディディエ・アンジュなどなど。もっともっと探せばありそうだった。

転移と逆転移プロセス、つまり「今ここでのこと」が最も重要視される最近の精神分析では、このように一つの夢にじっくり取り組むことは少なくなったから、こういうアプローチは宝探しのようでわくわくする。ちなみに、今では夢を転移の一表現と見なすために、夢がいかにして語られ、そのときの分析セッション内でいかなる意味と機能をもつのかに焦点化される傾向がある。だから夢はすぐさまその場で解釈されなくてはならないし、転移に結びつけて即座に理解されねばならない。それが現在形の精神分析の姿なのだ。

要素分析といって夢の中の気になる要素への連想を促す古典的な手法も今はあまり流行らない。

要素分析をするにしても、「夢のこの部分はこういう印象を与えますね」というように部分的に解釈をしてから、患者の連想の流れを追うといった交流的なやり方になる。それが最近のやり方である。少なくともクライン派の分析ではそうである。夢も一つの自由連想なのであって、夢の内容や要素についてだけを自由連想するという発掘型のセッションは流れやリズムを遮るし、関係性にゆがみを生じるのであまりやらないのだ。

私の分析家は私の夢について何かを問うことは約八百回のセッションの中で一度もなかった。夢を語ったとしてもすぐには何も返ってこないから、なんとなく夢を自分で探り深めるような連想をしていくことになる。その夢の連想をする中で、ひとりぼっちになったような、心許ない感じで取り残される。だが、その途中でいくぶん唐突に分析家は解釈を差し挟む。「えっ、そっち？　って、どっち？　あれれ？　うっ、確かにそうかもしれない、あれっ、なぜかホッとする」、そういう感覚が残るのである。だが腑に落ちるとかと納得するとかというのとは少々違っている。私は分析家の夢解釈を聴きながら、自分がなぜ涙を流しているのか分からないでいることがたびたびあった。それは、自分の思っていた理解とは全く違った角度からのものであることがしばしばだった。でも、分析の後半になると私が自分の夢について考えを展開したあと黙ると分析家は、'I agree with you.'とだけ返してくれることもあった。なんだか照れくさいが嬉しかった。

さて、フロイトが夢解釈法を例示するためにこの夢を選んだのは、この夢の重要性からではなく、むしろただこの夢が「夢には意味があるのだ」ということを示しやすいと思われたからだった。

だから「夢分析の見本」という表題がついている。だが実はこの夢はフロイトが考えていたほど、標本というただの例示に適した夢というものではなかった。実はとてつもなく重大な仕事が行われた夢だったのだ。これからそれを示す作業にとりかかりたい。夢の内容については前回を参照されたい。

この時期（一八九五年六月）、フロイトの生活背景には何があったのか。フロイト自身が『夢解釈』に掲載している前日残渣は、ある意味でかなりの検閲を受けたあとのそれこそ「残渣の残渣物」である。特に医療生活上の心配事の報告と連想に限って提示されており、フロイトの心を悩ませていたその他のことについてはふれられていない。夢解釈の可能性と夢の意味について提示できればそれでいいじゃないかという様子である。だが百二十年以上経った現在では、当時の彼の生活状況はより包括的に知られるところとなってしまった。著名人というものはなかなか大変だ。いらぬことまで知られてしまうのだから。

まず、夢に出てくるイルマは、おそらく何人かの女性が合成されたものだが、フロイトによると当時の若い女性患者エマ・エッケンスタインがその一人である（もう一人の患者はおそらくアナ・リヒテンシュタインというフロイトの患者だ）。エマは実はフロイトの知り合いの娘だった。知人を分析することは何かと不便だ、などとおめでたいことを彼は言う。医者の方の好奇心は強くなる一方、行使できる権威は弱くなるからよろしくないのだと。また症状を治さないと、古くからの友情に亀裂が入ってしまうという危険を指摘している。不要なプレッシャーがかかるというのであ

タヴィストック・クリニックの
フロイト・ブロンズ像

る。とはいえ当時は設定やバウンダリーへの考えは緩かったし、彼の試行錯誤によって今のスタンダードがあるのだから現在からの目線で見るのは不当だろう。

さて当時のフロイトは、開業したばかりで、アナ・Oの治療者だったブロイアーという有名な開業医の庇護のもとで開業臨床を行っていた。だが、「ヒステリー研究」（一八九五）の共同執筆後（というよりはアナ・Oとの激しい治療関係の嵐に恐れをなしたため）、ブロイアーはヒステリー治療から手を引いてしまっていたので、二人の間にはいくぶん距離ができていた。要するにおそらくフロイトは、ヒステリーの性愛転移に恐れをなして逃げたブロイアーに失望し軽蔑していた。だが反面、彼は経済的にブロイアーに依存し、しかも患者はほとんど彼から紹介してもらっていた。そういう関係からすると、夢の中のイルマにはアナ・Oの影が見え隠れする。

さらにエマは、フリースという耳鼻科医の患者でもあった。フリースはフロイトの親友で大切な文通相手である。この時期、彼は多くの夢や日常の些末事、そして科学的心理学の概念や発想などを彼に書き送っていた。フロイトの自己分析は、フリースとの文通の中で形作られていった転移関係によって展開したといえる。フロイトはフリースを通じて自分を知ろうとした。フリースはいわば彼にとっての自己分析のための鏡だったのだ。

エマはこの夢が見られる数カ月前には難治性の蓄膿に悩まされていた。フリースは鼻の疾患と性愛の鬱積とが関連しているという独自の主張のもと、男女の性的周期についての理論を打ち立てようとしていた。したがって、神経症の根源に性愛エネルギーの鬱積や性的外傷の存在などを想定していた当時のフロイトにとってフリースは数少ない理解者だった。

このフリースがエマの蓄膿を治療したのである。フロイトはエマの鼻の症状をヒステリーと関連づけていたが、それでも器質的な疾患の治療を優先しなくてはならないと考えた。フリースのアドバイスを受けて、フロイトはエマの鼻にコカインによる処置をしたが、それがために粘膜の壊死を起こしてしまった。当時コカインは違法薬物ではなかったようである。フロイトはコカインを積極的に治療に使おうとした時期もあった。このような顚末から自分の手には負えないと判断したフロイトは、フリースへとエマを紹介したわけである。フリースがエマの治療として行ったのは、かなり大がかりな手術だった。フロイト自身も蓄膿に悩まされていたので同時期フリースから鼻の処置を受けている。

事態はそれでは終わらない。ベルリンのフリースのところから戻ったエマの症状は軽減するどころか悪化した。鼻出血が止まらず痛みを訴えた。フロイトはウィーンで耳鼻科医を探した。一人目はあまり役に立たなかった。だが二人目の耳鼻科医は五十センチもあるガーゼがエマの上顎洞に置き忘れられているのを発見した。フリースの医療ミスである。しかもガーゼを取り除く手術の際に大量出血を起こしエマは命を失いかけた。出血性ショックの状態となり，回復には数週間を要した。

このときフロイトは失神しそうになった。要するに腰を抜かしてしまった。大量出血を見たからではなく，医師としての恥の感覚のためだった。彼は自分を責めた。もともとヒステリー由来の鼻炎だったのを手術までさせてしまったことへの罪悪感である。自分の手もとで留めておけばこんなことにはならなかった。ここにはフリースを非難したくないという思いが強烈に働いてもいる。だがどこからどう見てもフリースの失敗は明白だった。フロイトはフリースにこのことを報告しないわけにはいかなかった。彼はやんわりとそのことを書き送った。夢の中でイルマに示唆されている「解決法」は，フリースに対して提案された医療事故を認め悔い改めるという解決法として提示されたものでもあったのだ。フロイトは謝罪を表現するという機会をフリースに与えたつもりだった。

だがフリースの反応は期待した解決法からはほど遠いものだった。逆ギレだ。自分の名声を傷つけるためにでっち上げられたものだ，と怒り心頭。おそらくこの夢を見たときフロイトはフリースに失望していた。彼の中でのフリースの理想化は危機に瀕した。そしてフロイトはそれを認めたくなかった。フリースへの信頼を維持することに躍起になった。ブロイアーへの失望にしても，フリースへの失望にしてもフロイトが夢解釈の文章の中で全くふれていないのは実に妙だ。

さらにもう一つ悪い知らせがあった。それは数カ月前の医療事故から回復していたエマだったが、彼女のヒステリー症状はいまだ改善していないというものだった。それは、夢の中にオットーとして出てくる同僚オスカーからの知らせだった。オスカーはフロイト家の子どもたちをすべて担当してくれる小児科医だった。家族ぐるみのつきあいをしていたものの、フロイトは彼をあまり高く買っていなかった。その頃まだ独身だったオスカーは、来るたびにくだらない手土産を持ってくることでフロイトを辟易させた。この夢の前の日にオスカーは賞味期限切れのパイナップルリキュールを持ち込んでいた。それは悪臭を放った。ラベルにはＡＮＡＮＡＳとあった。フロイトは悪臭を放つＡＮＡＮＡＳとプロピルという物質の臭いとを関連づけて連想した。そのオスカーが休暇中のエマの様子を語った。完全には治ってなさそうだったよ、顔色も悪かったなあとオスカーは無邪気に報告した。フロイトはそれを自分の臨床能力への侮辱だと受け取った。いたくプライドを傷つけられたフロイトは、自分のヒステリー治療を正当化すべく、エマのケースレポートを書き上げた。先輩医師ブロイアーへの申し開きのためである。遅くまでレポートを書いていたフロイトは、肩の痛みを自覚する。それはリューマチによるものであったらしい。顕在夢におけるイルマの肩の浸潤が、このフロイト自身の肩の痛みや炎症と関連がある可能性も示唆されるのだ。

さらにこれらの医療過誤をめぐる正当化欲求と罪悪感は、フロイト自身の招いた過去の医療事故へとつながる。それは、彼が当時、日に二回注射を行っていた老女の治療である。フロイトは細心の注意を払っていたにもかかわらず注射針かシリンジからかの感染でその老人は静脈炎を発症していた。それは悪化し、敗血症性の肺炎へと発展、結局そのために死亡した。彼はその顚末を自分の失敗として非常に悔やんでいた。注射は不用意になされるべきでなく、シリンジの汚れには細心の注意を払うべきだという夢の最後の内容はこのエピソードを思わせる。

フロイトには注射にまつわる苦い思い出がある。ブリュッケの神経生理学教室時代の同僚フライシェルの死である。彼はモルヒネ中毒者だった。フロイトはその治療のために当時無害と考えられていたコカインを過渡的に使用することをフライシェルにすすめた。だがこともあろうにフライシェルはコカインを注射液にして自己注射したのだった。完全にアディクトである。コカインの注射のためにフライシェルは死期を早めた。おそらくフロイトはこれに関しても猛烈に自分を責めていたものと思われる。

だがもちろん注射には性交という含意がないわけはない。そもそもこの夢は、イルマをホールのエントランスで迎えるところから始まっている。ある種のパーティが想定されているのだ。実際この夢が見られた一八九五年六月二十四日にフロイト家はベルビューというリゾート地で休暇を過ごしていた。フロイトが借りていた家には大きなパーティホールがあり、ちょうど三日後には妻マルタの三十四回目の誕生パーティが催されることになっていた。しかも——マルタは妊娠していた！さらに驚くべきことに、フロイトは夢解釈上でそれについて全くふれていない。だが、妻の妊娠にふれずしてこの夢を解釈するなどナンセンスに近い。で、そのことを念頭においてもう一度この夢を読み返してみる。そうすると、やはりこれはすごい夢だということが分かってくる。ここからはフロイトの性生活と死の不安、そして精神分析そのものの誕生に関わる話になる。

この夢の始まりでは、フロイトはパーティにやってきたイルマを隅に連れていってひそひそやる。口を開けさせてのぞき込む。ここですでに親密さが医療行為のもとに隠蔽されているようだ。彼は白苔様のスポットをイルマののどに発見する。のどには鼻甲介のような襞。ここには膣と咽頭との同一視を想定できる。多くの分析家はそう指摘するが私も普通にそう思う。鼻を含めての上咽頭と女性性器との生々しい同一視。この背景には耳鼻科医フリースの存在がある。フリースは先述のように鼻腔の疾患と性周期との関連を提唱していた。したがってこの同一視をつなぐのは親友フリースである。

さて、そうするとフロイトがのぞき込むイルマの咽頭は膣内部を思わせ、そこに付着する白斑は精液あるいは胎児を想像させる。したがってエントランスでイルマののどを見る行為には性交の帰結を吟味することがほのめかされている。受胎への関心と好奇心、責任感、緊張感、回避したい欲求などが見えてくる。フロイトはこの妻の妊娠に躊躇し、動揺していたのだ。つまり高齢出産になるマルタの身体を心配し、責任を感じていたのである。したがって、「注射は不用意になされるべきでない」「シリンジが汚れていた」という素材の背景には、老婦人への医療事故に関する悔恨ばかりでなく、妻を不用意に妊娠させてしまった自己非難をも見て取ることが可能だ。またもう一世代遡り、イルマを母親アマリアと考えるなら、「父親は誰なのか」というフロイトが幼児期に抱いたに違いない疑問もここに包含されているかもしれない。要するに、この夢の裏テーマ（潜在内容）の一つは「性交の帰結としての受胎と妊娠」なのだ。

さて、フロイトは夢の中でもこの妊娠への責任感とそれを回避したい欲求との葛藤にさらされている。ブロイアーらしきM医師の発言を借りてその考えは提示される。「これは感染症に間違いないね。だが問題ないよ。赤痢を併発するだろうが毒素は取り除けるだろう」。ここでいう感染症は妊娠のことだと想定できる。併発する赤痢は、生理の出血か流産を意味すると想定しよう。とすると毒素とは胎児か精液か、となるだろう。したがって、これを取り除くとは流産や妊娠の途絶か、あるいはそもそも妊娠をなかったことにする態度を意味するようだ。さらに、このよく分からない楽観主義的診断をしかつめらしく宣言するM医師の姿は、明らかに滑稽である。つまりここにブロイアーへの軽蔑がある。この軽蔑の背景には「自分はブロイアーのようには逃げないぞ」というフロイトの決意の萌芽を見ることができるかもしれない。したがって、この場面を妻の実際の妊娠という文脈ばかりでなく、ヒステリーの治療にも適用するとすれば、イルマ／エマの妊娠への関心とブロイアーへの軽蔑は、「ヒステリーの妊娠に相当するもの」から逃げずに、それを真っ向から引き受け治療することへの決意が示されているといえる。ではヒステリーにおいて妊娠に相当するものとは何か。それはアナ・Oがブロイアーに向けたものである。

ヒステリー患者の心への受胎。それはヒステリー患者が治療者に向ける転移空想に他ならない。先述したフランスの分析家ディディエ・アンジュは、この夢でフロイトが妻の妊娠への葛藤を解決してゆくことを通じて、それのみにとどまらずヒステリー治療において、患者が自分に向けた転移をしっかりと責任をもって受け止め、分析治療という自らの考案した治療法によって関わる決意を示しているのではないか、そのように解釈している。じつに面白い発想であり、実際そうなのではないかと思えてくるし、そうだとすれば様々なことにつじつまが合い、われわれのイマジネーションを様々な方向へと拡張してくれる。

さて、ここからこの夢を眺めるポジションを変えてみよう。患者としてのフロイト、そして妊婦としてのフロイトという視点である。つまりイルマをフロイト自身の分身として見てみることが可能なのではないか。この夢を見る少し前にフロイトはフリースから蓄膿の処置を受けている。つまりフロイトは自分自身も口を開け、鼻を処置してもらった患者だったわけである。したがってフロイトは自らの口を開け、自分の内部を観察しているという構図が成り立つ。そう自己分析である。この夢を通じてフロイトがやろうとしていることそのものなのだ。これは夢の分析を通じてフロイトが図らずも発見してしまったもの、つまり精神分析（Psycho-Analysis）である。

ここで重要なのは、イルマを取り巻き、協議する医師団の存在である。オットー、レオポルド、M医師。イルマの胸を服の上から打診した医師レオポルドが発見するのは、胸の濁音と左肩から皮膚にまで達した浸潤痕跡だ。左肩は背面から見ると左胸、すなわち心臓／心と解釈できるだろう。さらに興味深いことに、実際フロイトはこの夢を見る少し前に胸痛の発作を起こして、フリースとブロイアーの両者に相談しているのだ。この時期フロイトは、自分が心臓病を患っており父と同じようにそれがために死ぬのではないかという不安に脅かされてもいたのである。

フリースはフロイトを診察して彼の葉巻がよくないと結論づけた。つまりニコチンによる心臓への負担。だが、フリースからの禁煙の忠告をフロイトは無視した。それが解決法を無視するイルマと重なる。一方ブロイアーは、それを感染症と関係づけてフロイトにアドバイスしていた。

ともあれ、ここで胸の疾患の吟味がほのめかしているのはフロイトの「死への恐怖」でもありうる。したがって、この夢の背景にある第二の裏テーマは「死」のようだ。心と心臓（身体）とをつなぐのは生であり死である。こうしてこの夢の二つの裏テーマは結びつき、妊娠への危惧と関心が、胸への浸潤つまり心臓病と交錯する。心疾患は連想において、容易に心の病へと結びつく。つまりフロイトの心をとらえていた「ヒステリー性疾患」である。ここで器質的身体の事態としての妊娠と、心の病としてのヒステリーとが結びつくことになる。すると、医師団によって精査され、議論されているのは、「生／性」であるとともに「死／病」だと考えられる。

さて夢に戻ろう。レオポルドとオットー。この二人の医師は何を表すのだろうか。オットーはフロイトにとって、いらぬ土産を持ち込む鬱陶しい友人医師だが、果たしてそれだけだろうか。フロイトは自己観察による気づきや新たな考えをいつも歓迎していたわけではなかった。そう、持ち込まれたパイナップルリキュールは賞味期限が切れており悪臭を放っていたのだ。これは自己観察から得られる気づきそのものへの不快感を示しているかもしれない。つまり中立的に観察し討論するオットーをはじめとした医師団は、フロイトの自我部分を示している。自己観察は全くもって心地よいものではないのだ。

ある分析家は、この夢で存在がほのめかされている胎児こそ、今まさにフロイト自身が受胎した精神分析そのものだと解釈している。つまりイルマは先述のごとくフロイト自身の分身であり、今まさに精神分析という価値を生み出すか否かという葛藤のただ中にいるフロイトなのだという理解である。そこには産むということへの責任感とその回避欲求とが見えてくる。そこで言及される物質「トリメチルアミン」、それはフリースが性周期と関連する物質だとしていたものだ。そのような性の薬物を不用意に注射すべきじゃない、と夢の中のフロイトは批判し抵抗するものの、その薬物の化学構造式が眼前に現れることで夢が締めくくられる。それはもう後へは引けないということ、精神分析を発見してしまった責任をとらねばならぬということだろうか。この構造式がまた面白い。$N(CH_3)_3$。

これは窒素を核にしたピラミッド型となり、それぞれ均等な角度で三方向に炭素と水素が枝分かれする。三角錐で末広がりである。これをすぐにエディプス三角ととらえるのは理想化にすぎるかもしれないが、この化学式はまさに精神分析的意味作用の広がりを感じさせる。この夢の登場人物たちはそれぞれ三人の人物の合成でできており、三重に重なっているようだと指摘したのはラカンである。トリメチルアミンの構造的特質と夢の構造そのものが一致しているという発想である。しかも、トリメチルアミンは魚のように臭う物質だそうだ。真実は臭うものだということだろうか。

ここで今一度オットーの持ち込んだ悪臭を放つパイナップルリキュールが思い起こされる。その名もANANAS。アナ・Oはブロイアーの患者、そしてフロイトの患者にもアナ・リヒテンシュタインがいる。そして誰よりも、この生まれてくることになるマルタのおなかの中の赤ん坊、その人はアナ・フロイトと名づけられることになるのだ。これを運命と呼ぶのだろうか、いやフロイトならば無意識と呼ぶだろう。どちらにしても、この夢の強烈さ、すさまじいまでの葛藤と創造性がうかがわれる。フロイトの無意識と局所論、自我と構造論、死の本能論など、すでにここで暗示されていると見るのは決定論的にすぎるだろうか、あるいは神秘化しすぎか。そろそろ夢も覚める頃のようである。

パート III

神と物理学，
そして精神分析

そもそも私はあまり宗教に関心がない。いやほとんどない。だが、あらためて考えてみると、ここと「神」という存在に関して、私の感覚というか気持ちというか考えというか、そういうところでは、この数年でかなり変わった気がする。いや激変したと言ってもいい。要するに神という存在が、どういうわけか身近になってしまった気がするのだ。年のせいだろうか。でも、よくよく考えてみると、その変化は明らかに私のロンドン留学体験、もっと焦点化するならば精神分析体験に根ざしていて、その前後で変わったことを認めないわけにはいかない。これは今さらながら私にとって衝撃的な事実である。この事実に気づいただけでも、このエッセイが宗教にさしかかったことで私は恩恵を受けているような気がする。だが、断っておきたいことは、精神分析を受けたことで私が信心深くなったとか、特定の宗教を信じるようになったとか、精神分析そのものを宗教だと考えるようになったとかいうわけでは決してない。やはり今も宗教にはほとんど関心がないままであるし、精神分析を宗教だとは思っていない。精神分析とは、心的真実に近づく「方法論」なのであり、そもそも活動として宗教と同次元にはないと私は思っている。ただ，この二つには通底し共通する人間世界体験があるに違いないという実感が近年生じたのかなあとは思う。ここでいう「神」は，クラインの概念化した「内的対象」であるとも，もっと一般的に「他者」「あなた」であるとも条件つきで書き換え可能である。

私は特定の宗教をもたないので，精神分析は体験してみなきゃどうにもならないと訴え続けているという観点からして，宗教者でない私が宗教について論じるなどナンセンスであることは承知している。したがって，私が宗教の話をするなどというのは，全くもって説得力をもたないに違いない。入ったこともない門を外から眺めているにすぎない。

同様の喚起力不足はフロイトが宗教を論じるときにもあるような気がする。やったことのないものを論じるときほど空々しいものはないということだろうか。「トーテムとタブー」（一九一三）にせよ，「ある錯覚の未来」（一九二七）にしても，フロイトが文化というものを論じるとき，そこに宗教との対峙を不可避なものと見なしたことは仕方がないとはいえ，これらは何度読んでもいまいちピンとこない。私が宗教に関心がないせいで色あせて見えるのか，もともとフロイトが宗教に反感をもっているからそうなのかよく分からない。とにかく，フロイトが宗教について文化論と絡めて論じるとき，夢解釈やエディプス・コンプレックス，あるいは性理論や原光景などの発見と彼の臨床体験とが結びつくときの，あのわくわくする知的臨床的興奮や魅惑される面白さがほとんど感じられないのである。むしろ，彼が「神秘的なるもの」「不気味なるもの」あるいは「テレパシー」

などに引きつけられて執筆したものの方が、彼の宗教的体験をより直接的に反映しているような気がする。

彼はユダヤ人だが、終生アンチ宗教だった。宗教における儀式を集団的強迫神経症の症状だと見なし、宗教的タブーの文化的起源を父殺しの罪悪感への集団的防衛だと見なしていた。さらには、現世で果たせない本能欲動の成就をあの世で達成できるのだと約束し、信じさせることが宗教支配の起源だとも考えていた。宗教も芸術も、防衛操作と昇華という違いはあるとしても、性的欲望や罪悪感を幻想に基づいて、それらを先送りするか代理満足するかというものだという考えには、彼の他の著作に見られるような喚起的影響力が欠けていると感じられるが、あなたの印象はどうだろうか。

ただ、私も実はそのような宗教を「防衛」だとする彼の見解に同意していた一人だったが、自分の中でそれが近年大きく変わってきたことに気がついたのだ。面白いのは、もともと宗教に無関心で、どちらかといえばアンチ宗教だった私が、アンチ宗教家のフロイトの創始した精神分析体験によって、神という存在をなんとなく近くに感じるようになったということである。ところが、この宗教意識というか、ここで私の感じ始めている神に対する身近さというのは、来世における願望成就の約束や、親殺しの罪悪感を肩代わりしてくれるという次元にあるのではないと感じるのだ。そうではなくて、むしろ、自分の中で、ある人との交流がまさに起ころうという今そのときに、その人と誠にふれるよう開かれるには、自分の中にある誰か（良い内的対象？　神？）という存在とともにあらねばその交流は「体験」されない，あるいは単に「ともにある」という実感が得られないとでも言おうか，そこに宗教的体験と共通のものがありそうだと感じる。したがって，宗教をある意味で神経症現象なのだと理論化していたフロイトその人が発見した精神分析の中に，宗教的体験の意味を探求できる方法論の萌芽があるのではないかということである。これは精神分析という方法の潜在力なのであって，精神分析が宗教的だというのではない。その領域を果敢に進めていったのは，これまた非宗教的な分析家ビオンである。ビオンの臨床思索的探究からすると，宗教体験とは，フロイトのいう集団的防衛神経症説よりも，むしろそこには精神病体験と共通する何かがあり，より人間体験の根源的実在，あるいは究極の真実にふれるものであって「他者との接触体験によって喚起されるある種の狂気」という方向性を示している様子である。

ところで，精神分析家が分析状況をとらえるにあたってもつべき感度，とるべき態度，自らおくべき心的状況，要するに精神分析的態度の本質を概念化するにあたって，ビオンは'Atonement'（贖罪）をもじって'at-one-ment'と表現している。これはもちろん贖罪という含みがあるのだろうが，むしろ，'at one with the truth'つまり分析状況における究極の真実，究極のリアリティ'O（Origin）'になる（becoming of O）ということのようである。これはメラニー・クラインが否定した「対象のない一次性ナルシシズムの状態」に見えなくもないが，これによってビオンは「知る（K）」ということでの成長やコミュニケーションの限界を示そうとしているようでもある。分析状況で何が生じているのかは，本質的に「ものそのもの（thing-in-itself）」であって知りえないと。究極のリアリティは、知るというベクトルによってはとらえられないのだ、と。つまり、究極の精神分析的接触は「知るという次元において成し遂げられるのではない」とでも言いたげである。それは「知ること（K）」ではなく、「成ること（becoming）」によってのみ可能なのだと。

現代のクライン派精神分析は、ビオンのこの神秘的超越をどのように自らの方法論的概念的枠組みに同化吸収するのかで、非常に困惑しているように見える。彼の跳躍に強い好奇心と関心を注ぎつつも、とりあえずは「もっと地道に行きましょうよ」というのがロンドン・クライニアンの大方の態度のようだ。私もビオンの『注意と解釈』（一九七〇）を読むと、心の内側で「警戒警報」が鳴り響く感じがする。というか、よく分からないというのが本当のところかもしれない。

だが、ビオンは容赦なく前進する。究極的真実（ultimate truth）あるいは、ものそのもの（thing-in-itself）は、そのものとしては不可知であり、接触不可能だが、それはある派生的現象や感覚や存在感など、そういった二次性の派生現象を伴って、その存在が信じるに値するものだと確信される。それを'Act of Faith'（信）だと彼は言う。見えない、知れない、ふれられない真実、その究極の真実「O」を志向するのが精神分析なのだとビオンは言っているようだ。見えない、知れない、ふれられない、だがそれはとてもリアルだというのだ。おそらく'Faith'とはリアルさへの「信」なのだろう。ビオンはどんどん精神分析的探求の次元を変えている。そもそもビオンの真実の探求の始まりは、K（知ること）であり、考えを考えること（thinking thoughts〈container-contained〉）だった。心は真実の衝撃を受けて破滅し（catastrophe）、その破滅を生き残ることで真実は栄養となり

(catastrophic change)、そういう振動（ＰＳ↕Ｄ）の中で成長し続けるというモデル（negative capability & selected fact）があった。彼が道具とした概念は、クラインの生み出した対象関係における内的世界価値観（ＰＳ↕Ｄ）であり、投影同一化という体験伝達手段であり、さらにはビオン自身が創案した思考の発達モデルとしてのコンテイナー・コンテインドであった。これらによって精神分析状況の進展は描写でき、成長の過程を破滅体験と安全の獲得の振動の中で生じるダイナミクスであるととらえることが可能となった。だが、それでもなおこれらの道具だけでは「知りえぬ究極の真実（Ｏ）」には近づけない。リアリティとは知られえない、それは「なる（becoming）」しかないものなのだ。ビオンのたとえ話は面白い。「リアリティを知ること（knowing reality）が不可能なのは、ジャガイモを歌えないのと（impossible to sing potatoes）同じことだよ」と言う。

乳児は生まれたときから、「乳房がある」と信じている。見たこともないのに。それがクラインのいう内的な良い対象の起源（origin）に他ならない。それは幻想なのだろうか。だが私は精神分析体験を通じて、内的対象を幻想であると同時にリアリティだと感じるようになった気がしている。それが「誰か」であり、「何か」であり、他者というとても喚起的で自分ではない「頼れる対象」である。だから、宗教をもっている人は、内的対象のリアリティを神だと呼んでいるんじゃないだろうかと実感をもって思うようになったのかもしれない。

私は、ロンドン・タヴィストック・センターで精神分析的心理療法のトレーニングを受けていた頃、クリスチャンの同僚に聞いてみたことがある。「あなたのなかでキリスト教精神（Christianity）

と精神分析臨床とはどんなふうに結びついてるの？　あるいは結びつかないものかなあ？」と。ふだんおちゃらけたことばかり言って場を和ませるその中年女子キャサリンが急に真顔になる。「セラピーのときにキリスト教の教条が入る余地は全くないけれど、患者さんといて自分がセラピストとして働けるのは神のおかげだと信じてるの。あなたは仏教徒なの？　そうだとすれば同じでしょ？　そう、クラインの概念でいえば、宗教にはPSポジションでのそれと、Dポジションでのそれがあるってことよね。フロイトが批判している宗教の要素は、すべてが宗教のPSポジションの側面だと思う。でも、あなたこそ大切だっていうDポジションでの宗教観はセラピーには不可欠だと思うのよ。内的対象を擬人化したことは、メラニー・クラインにとっては自然なことだったのでしょうけれど、それこそ彼女が神というものをDポジションでとらえていた証拠だと思う。クラインは精神分析をとてつもなく奥行きの深いものにしたと思うし、そればかりじゃなくて宗教観まても洗練してクリアにしたと思うわ」と彼女は一気に話してくれた。全くキャサリンらしくないまぶしい瞬間だった。当時私は、宗教と精神分析は両立しない、むしろ弊害だろう、人格の中で分割しておかねばならない領域があればあるほど、セラピストとして患者のパーソナリティの方向に開かれる心の部分が狭くなるに違いないと考えていた。「Dポジションでの神」。仏教徒でも決してない自分が恥ずかしくなり、私は彼女の話をそれ以上聞けなかった。今思うと残念なことをした。

そもそも、私が精神分析を受け始めてなんとも衝撃的だったことは、自分がほとんど精神分析など知りもしなかったという事実だった。やはり予備的ロンドン訪問のとき、ベティ・ジョゼフ先生が言ってくれたことはそのとおりだったのだ。それに実感を伴って気づくことは大変苦痛な体験だった。自分が本当だと思い込んでいたものが、どんどん分析家の態度や解釈によって挑戦を受け、もろくも崩れていった。信じてきたものが崩壊していった。崩れていったもの、それは要するに精神分析という幻想の理想と私自身との防衛的な恋愛関係だったのだ。別の表現をするならば、精神分析という名のもとに巣くっていた私のナルシシズムだった。自分のことを知りたいなどそもそもの欺瞞だったのだ。分析家が私の言うことをやっと理解してくれたと感じ、ホッとしたその夜、私は「気の狂ったタクシー・ドライバーが押し入ってきて、私を無理矢理車に乗せて、目的地も分からず危険な地域を引き回す夢」を見た。今思うに、恐ろしくなるほど精神病的な陰性治療反応である。分析家はびっくりするほど動じなかった。「理解されることをあなたはそれほど恐れているし、それほど望んでもいる。あなたは安堵する。でもすぐに怖くなる」。分析家は何度もそのように解釈した。行きつ戻りつの局面から一年以上経つと、「狂気のドライバーの夢」は「ひどい運転をするバス運転手にクレームをつける夢」にたどり着いた。そこからは精神分析に通うことがそれまでよりは苦痛でなくなった。いや、むしろ、分析セッションのない週末の方が苦痛になってしまった。分析を始めて二年くらい経った頃だったような気がする。そこにいたるまで私は、精神分析と精神分析家とを疑い、恐れ続けていた。その一方で理想視し、誘惑し、分析を隔離された安全地帯にしようと何度も試みた。分析家はそれに応じなかった。私が持ち込むことにひたすら耳を傾け、彼の印象や考えを私に話して聞かせた。そして私が分かってほしい気持ちからではなく、話すためだけに話を続けるとき、「あなたは無意味なことを話していることを分かっているように見える」と言って、たまに私の話を遮った。夢を報告してもスルーされることもしばしばだった。だが思うに、今思い出す精神分析状況における体験のそれぞれが、分析家という他人の心の眼差しにじかに出会うことだった。それがいかに困難なことであり続けたか、そして自分の内部に今分析家が助けになる良い対話者としていると実感することは、五感を通じて知ることはできない何かである。その実感を‘Act of Faith’（信）というならそうなのだろう。

第17話●記憶なく、欲望なく、理解なく、あるいはバベルの塔

ロンドンに住み始めた頃、とにかく「聞くために使える英語」に苦労した記憶がある。留学前、日本でももちろん語学学校に通った。そこでお世話になったイギリス人と日本人の先生たちは本当によく分かるように教えてくれ、読める英語、話せる英語の力は格段に伸ばしてもらえた。だが、あとになって私は彼らがいかにゆっくり分かるように話してくれていたのかに気づくことになってしまった。

日本にいる頃、週三回英語学校に通って実力をつけたつもりでいた私の自信は、少々大げさかもしれないが、ヒースローに降り立ったそのときに崩れ去ってしまった。人々が話していることが全く分からないのだ。初心者にとって、英語は話すより聞く方が圧倒的に難しい。当たり前である。こちらが話そうとすることは向こうが分かってくれようとするのだから、言葉遣いや組み立て方が不器用で不細工だったり、少々意味不明だったりしてもなんとかして理解してくれるのだ。だが、ネイティヴ同士が話し始めるとほとんど分からない。分かりやすく話してくれる講師の講義ならな

んとか半分は理解できる。だが、小グループ・セミナーでメンバー同士の対話になるとさっぱりである。

渡英したての頃、私は乳児観察セミナーに出席し始めていたのだが、そこでメンバーたちが観察ノートを読み上げるその速さに圧倒された。手渡されたレジュメですらどこを読んでいるのか分からない。「ここだ！」と見つけたときには、すでに二行先を読み上げている。半分も読み進められないまま、気づけばセミナーはもうディスカッションに入っている。'In the penultimate visit, I was stunned that the family has moved away!' ん？ penultimate？ 'penultimate' が分からないことに気をとられて、そのあとの重要な事態が飲み込めない。観察セミナーのメンバーはみな騒然としている。で、'penultimate' ってなに？ 今考えると当たり前なのだが、当時の私は、そこでもいったい何が語られているのか全く分からなかった。「最終から一つ前（penultimate）の訪問のとき、実は家族が引っ越しちゃってたのよー！」騒然となるのは当たり前なのだ。

あるとき私は気づいた。自分はこのセミナーの中で観察される赤ん坊になっている、と。ベビーベッドに寝かされて上を見上げる赤ん坊、頭上で交わされる大人たちのよく分からない面白そうで不思議な会話、そんな感じである。

私はロンドンに着いてから一週間経たないうちに週五回の精神分析を受け始めたが、そこでも当初分析家から何を言われているのかよく分からないでいることが多かった。これまたベビーベッド状態である。今思うと、もう少しゆっくり平易な英語で話してくれても良かったんじゃないですか、と文句を言いたい気もするが、分析家の解釈は全く容赦なかった。たとえゆっくり話してくれたとしても理解できたかどうか。それよりもカウチで横になって頭の上から分析家が語りかけるという設定のインパクトが乳児状況を喚起したのかもしれない。神はベビーベッドの頭上に存在するのだろう。

それでも一年くらいすると、集中すれば何を言われているのか概ね理解できるようにはなった。だが、受け入れがたい解釈が返ってきたときには、集中のスイッチをオフにする、あるいは分かったとしても分からないふりをする、そんな特技は三カ月ぐらいバレずに使えた。あるとき、「あなたはちゃんと意味が分かっているのに理解できなかったふりをしてますね」と言われた。慌てはしたが、同時にホッとした。ああ、やっぱり分かるんだ、と。以来分からないふりはしなくなった。集中スイッチは相変わらず使ったが。

なんでこんな話をするかというと、ロンドンでお世話になった教会の人のことを話そうと思うからである。彼は兼業の聖職者で、みなからジョンと呼ばれていた。私は彼に懺悔を聞いてもらったわけでもないし、彼のする説教に感心したわけでもなかった。ただ彼から生きた英語を教わったなあと実感するのと、彼の宗教体験を聞いて感銘を受けたのと、彼の奥さんの様子にびっくりしたのと、それくらいである。ピューリタンもカトリックも区別できない私に、英語を習いたいがために足を運んでいる私に、彼はとにかく熱心に英語を教えてくれたのだ。

ロンドンの教会の多くでは、無料で受けられる英語のグループ・レッスンが催されている。おそ

ロンドンの教会

らくは外国から来た信者のため、新しい信者を集めるため、あるいはボランティアの人が愛他的奉仕的精神を全うするため、要するになんらかの宗教的道徳的信念のもとで催されている集いである。タダほど高くつくものはないかもしれない、それぐらいのことは分かっていたのだが、当時の私は背に腹はかえられぬ状況にいた。子ども三人連れての貧乏留学、英語の全く話せぬ妻には、罪滅ぼしの意味もあって有料の英会話レッスンを受けてもらっていたし、英語がそこそこできるつもりの自分に対して、精神分析を受ける料金や学費以外にとうてい出資するわけにはいかなかったのだ。このような状況にいた私にとって、ネイティヴのイギリス人とまとまった時間話せることがとてもありがたかった。だから、最初から教会での英語教室の質には期待もしていなければ、セットになっているはずの布教にだってつきあうつもりだったし、その布教にも関心を示さなきゃとも思っていた。それに実際、聖書に関心がなかったわけではなかった。だが今思うと、なんと浅ましく図々しく傲慢な魂胆だったことか。当時私は臆面もなくこのような英語教室を、このような意図だけではしごした。赤面の限りである。これも神の思し召しなのかもしれないが。いや、そういうことにしておこう。感謝している。

さて、ロンドンに移住して数カ月経ったあるとき、図書館で'Free English Course'という張り紙が目に入った。アッまた見つけた。よしよし、これ幸い、と私は問い合わせた。三軒目の教会英語教室なので慣れたものである。それがハムステッドのダウンシャー・ヒルという通り、一片のピザのような三角地帯に位置するセント・ジョン教会だった。宣伝に全く力を入れていなかったせいなのか、教室開催初日に集まったのは私一人。あれ、キミ申し込んじゃったの？と言わんばかりで、ほとんど気乗りしない様子のジョンに私は出迎えられた。

ジョンは五十歳前後に見える白髪の長身、百九十センチはあろうか。アッパーなパキパキの英語を話す知的な紳士である。ロンドンの英語は残酷だ。話す英語によって階級がすぐにばれてしまう。上流の人たちの英語はパキパキと子音だけが聞こえてくる。エリザベス女王とかチャールズ皇太子とか、ＢＢＣのアナウンサー（はちょっと違うだろうか？）のような感じだ。

ジョンはふだん大学で物理学を教えているということだった。なぜ大学の先生がこんなところで外国人相手に、タダで英語を教えるのか私には理解できなかった。気のない迎え方だったものの、回を重ねるごとに、ジョンが実は不気味なほどにフレンドリーで親切なのだということが分かってゆく。不気味というのは親切さばかりでなく，どことなく私は，彼の目の奥にある狂気を感じていたのだ，と今になると思う。彼はどこか狂っていた。

だが彼は，私がいくぶん期待もし，身構えもしていた「ジーザス」の話など全くしなかった。「あなたは聖書には関心がないようですね」と言って，地下鉄で配っている『メトロ』という新聞を教材にしてくれた。そんなことない，聖書の話を聞きたいと言ったら，それを迎合ととったのか，「なら，そのうちしましょう」と言ったきり結局一度も聖書の購読はなかった。『ネイチャー』や『ジオグラフィー』誌から面白そうな記事を切り抜いてきてくれ，それをディスカッションの材料にしたりもした。フリートークのある普通の英語教室である。なんでタダなのだろう。親切にされすぎるのもなかなか居心地が悪いものだなあと，当時の私は贅沢なことを感じていた。

三回くらい一人でのレッスンが続いたあとジョンは，「一人かわいらしいメンバーが加わるよ。彼女はほとんど話せないけど，気にしないで」と私に告げた。とても引っ込み思案な大変美しいコリアンの少女ソヨンが加わった。彼女は十七，八歳に見えた。ただ，加わったとはいっても，英語教室に参加するわけでもなく，ほんとにただそこにいるだけだった。あまり詮索しないよう，私はつとめて彼女を遠巻きにしていた。そのうち，この教会が彼女を世話しているらしいことが分かってきた。

不思議なことに，その場にいながら彼女はジョンにも，私にも，ほとんど話しかけなかった。私が話しかけても彼女は‘Yeah’とか曖昧な言葉を口にし，首をかしげてほほえむだけ。そういう彼女のことが気になって仕方がない。ロンドンにいてあれほど英語ができないと大変だろうとか、なぜ参加しないのだろうとか。それに、そもそも誰から見ても英語力の向上という切迫したニーズがあるのは私ではなく彼女の方だった。

私は自分がジョンに特別扱いされているようで、ソヨンの場所と機会を横取りしているように思えて苦しくなっていった。ただ私が休むとソヨン一人になるし、それも困るだろうかなど考えると、休むわけにもいかなかった。私は自分にこそ、ソヨンに英語を教えることが期待されているのかもしれないと感じ始めた。ソヨンにそのことを言ってみても彼女はキョトンとして私を見るばかりだった。

あるとき、私はジョンにソヨンに英語を教えようかと申し出た。するとジョンは「ああ、それは気にしないでいいですよ。彼女は何語も話しません」。私の方がキョトンとしてしまった。でもジョンはそれ以上何も言わなかった。

そのうち何人かの外国人がぱらぱらとやってくるようになって、私はソヨンが影のように座っていることに違和感をもたなくなってしまった。新しく来たのは、ポーランドやスロバキアの若く元気でおしゃべりな人たちだった。ジョンがその人たちにも私と同じように個別の課題を与えた。だから、そこで私が特別扱いされていたのではないことが分かってホッとした。実はソヨンの方が特別なのだと分かったのだ。

ソヨンがジョンの奥さんだと知ったときの衝撃、それは強烈なものだった。しかも三十五歳だという。どう見ても十代にしか見えなかった。ジョンはとうとう彼女のことを私に話した。彼女は三歳のときに韓国人の母親を病気で亡くし，そのあと日本人（！）の父親に連れられてヨーロッパ諸国を転々とした。妻を亡くしたショックからか，父親は娘に話しかけなくなったらしい。ただ諸国を連れて回った。そのためにソヨンはどの国の言語も片言しか話すことができなくなってしまった。彼女には母国語がないのだとジョンは説明する。「移住症候群」なのだと（いや，これは「家族性服喪症候群だろう」と私は思ったがそれは言えなかった）。ソヨンは泣くし，笑いもするが，どの言葉も幼児語止まりでそれ以上のことを話せない。だが，これはにわかに信じられることではなかった。ソヨンは話せないのではなくて，話さないのではないだろうかと私は疑った。それは結局最後まで分からなかった。

ソヨンは目で語った。彼女は幼児のような言葉で，'I think so' とか言うが，それ以上のことを目で語った。彼女の目によって，私は当時たくさんのことを語りかけられた気がするが，それが何だったのか，今ではあまり思い出すことができない。そういう点では分析体験に酷似している。

最近になってソヨンのことを急に思い出したのだが，そのきっかけになったのはタクシーでかかっていたラジオだった。魅惑的な声にハッとする。「♪愛を失くした君に『孤独』を贈りたい♪痛みわかった時に『孤独』とは言わせない～[*]」。うーん，抑うつポジションだ。このシンガーは

＊　日本音楽著作権協会（出）許諾第1611263-601号

ただ者ではないと感心していると、ハッと何かが私を過去に連れていく。このセリフどこかで聞いた気がするのだ。それでソヨンを思い出した。彼女がそんなことを言うわけがなかった。彼女は話さないのだから。もしかしたら分析家から言われたと私が勝手に感じていた言葉だったのかもしれない。分析家もそんなこと言うわけがない。夢だったろうか？

ソヨンの目の奥行きには強烈な優しさが感じられた。声がしっかり聞こえてくるように思えた。ある日、ソヨンの目は優しいけど怖いですね、とジョンに言ったら彼は目に涙をためて答えた。「彼女からは神の声が聞こえますよ」。

ジョンは自分の宗教体験を話し始めた。彼は十五歳のとき、自動車事故で突如両親を失ったそうだ。そのとき大破した車に彼も同乗しており、右目を失明する重症を負った。なるほどそういえば彼の顔には手術痕がある。しかも義眼なのだとその話を聞いたときにはじめて気がついた。その事故後しばらくして、彼は教会に行く。そこで声を聞いたという。「イエス様の声でした。生きてゆきなさいって言いました。私はそのとき死のうと思っていたんです」。

彼は五年前にソヨンと出会った。その頃ソヨンは施設から自立し、教会の世話になって生きていた。ジョンはソヨンに一目惚れした。ジョンは十年前に妻を病気で亡くしていたのだった。ジョンは神にまた尋ねた。「イエス様は彼女と結婚するようにと言いました」。この二人を見たことがなかったら、できすぎたジョークか、それとも二人ともおかしいのではないかと思えただろう。だが、この話を聞いて私は別段不思議には思わなかった。ジョンには本当に声が聞こえているのだろうとなぜか納得してしまった。この二人は目で会話し、お互いの考えを声として聞くことができるのだろうかと思われた。それを二人組精神病と言うか、共有幻聴と呼ぶか、確かにそういう現象なのかもしれない。だが、これはある種の宗教的交流体験なのだろうと思われた。

その頃私は、タヴィストックのある女性分析家からビオンに関する講義を受けていた。彼女の言うことはほとんど分からなかったし、どのように臨床とつながるのかなど皆目理解できなかった。それは英語のせいではなかった。だが私には、彼女がわけの分からないことを言って一人ほくそ笑んでいるように感じられた。「情緒的コミュニケーションではね、主体が知りえない情緒体験の真実O（origin）にふれて、それは幻覚化されて投影される、そこではじめて他者の直観を通じて知になりうる。そうすることでプロセスとしてのフォルムが現れてくるのよ。プラトンの言うところの神のイデアとデミウルゴス（Demiurge）ね」。何が幻覚化だ。何がデミウルゴスだ。あるメンバーは彼女に疑いの眼差しを向けた。「病気にならないと精神分析的セラピーはできないというのですか？」「そんなこと言ってないわ、あなたは夢見るでしょ。誰が見させてるの？」「自我とイドですか？」「内的対象でしょうか」「そうね。それを神と言ってもいいんじゃないの？」私には彼女が何を言っているのかよく分からなかった。だが、このジョンの宗教的経験とソヨンとの結婚の話を聞いたとき、そのことがなんとなく分かったような気がした。コミュニケーションは、声として、そして言葉として行われるが、他者の魂との接触は、'transformations in O→K' となってはじめて他者体験としてリアリティをもちうるということなのだろうか。

また'at-one-ment'の話になってしまった。精神分析的態度、あるいは前概念の未飽和状態、「ネガティヴ・ケイパビリティ」、エンプティなコンテイナー、他人の思考を夢見ること、'reverie'、何でもいいが、これら精神分析におけるコミュニケーション概念に通底するのは主体の宗教的心理状態なのだと言ってもいいのかもしれないと私は思う。'reverie'という母の夢見機能が「愛」によって成立しているとビオンはほのめかしている。どうもこれは冗談ではないようだ。

第18話 神、剪定する庭師、あるいは分析家
――ローゼンフェルドと精神分析の神様

石川淳の初期の作品に『焼跡のイエス』という短編小説がある。戦後の焼け野原、混沌、ひしめく闇市、薄汚れた屋台。そこに静けさはなく、なまめかしい生命がぶっきらぼうにギラついている。干からびて黒光りする握りメシを売る若い女。無造作にたくし上げられた衣服からのぞくあらわな太ももに引きつけられる男の視線。突如視界に現れる窃盗少年。少年の皮膚は膿みただれ悪臭を放ち、その俊敏さと醜さとによって人々に恐怖をかき立てる。少年は握りメシを奪うと女に組みつき、二人はひとかたまりになって転げ回る。遠巻きに見ていたはずの「私」、すなわち闇たばこを吸うその男は、いつの間にか乱闘に巻き込まれている。組みついてきた窃盗少年のまき散らすギラギラした生命力と醜さは、男のそれと区別がつかなくなる。男は女への邪心を恥じて、その場を立ち去るが、行く先でその少年に再び襲われる。嚙みつかれ、財布を奪われるとき、その少年の顔が一瞬イエスに見える。どこかジョイスの『ユリシーズ』に通じる倒錯的な怪しさとなまめかしさ、

そして畏怖と狂気をかき立てる空気がこの短編には流れている。神は絶望の淵に現れる。

さて、宗教を精神分析のコンサルティング・ルームの内部から見てみたい。極限状態にある荒涼とした内部だ。患者は三年以上重度の精神病状態に苦しむ二十一歳の青年。一九六〇年代の話だ。患者は十六歳の頃から、自分の手足は麻痺して死んでいるという感覚に悩まされていた。一方、病前の彼は学校でも人気者で、勉強もよくできた。だが、両親が息子の変調に気づかざるをえなくなる事態がもちあがる。彼は旅行中にホテルのベランダから飛び降りる寸前のところを母親に気づかれた。自殺企図の原因は父親が人生の事実を教えてくれなかったことだと述べる。その後、ガールフレンドに振られたことをきっかけに彼は完全に崩壊する。幻聴に悩まされ、ぶつぶつ独り言をつぶやき引きこもる。ときとして脈絡なく暴れる。重い緊張病型の統合失調症である。何度も入院し、電気ショック療法やインスリン・ショック療法を受ける。クロルプロマジンすらなかった時代。ショック療法で一次的に改善するもののすぐに元の状態に戻ってしまう。合計九十回の電気ショック。ロボトミー（白質切除術）という精神外科手術が提案される。母親はこれに乗り気だが父親が最後の望みとして精神分析に頼むことを決める。

初回のセッションは印象的だ。通常の精神分析セッションからはある意味かけ離れており、ほぼ精神科病院の保護室内診察のような様子だが、そこでのやりとりの内容は紛れもなく精神分析である。これはローゼンフェルドという分析家がこの患者と行ったセッションの抜粋である。今回はこの分析セッションの描写だけでいいと私は思っている。それほどすごい。病者と分析家との美しい共同作業がここにある。こうして精神分析は発展してきたのだ。ここには人間の精神活動の根源という意味において宗教的な空気感があると思う。自ら招いた世界の崩壊と迫害し懲罰を与える神々、そして全知全能の唯一神による救い、神は万人のもつ狂気と罪を無意識化してくれるがゆえにありがたいのかもしれない。

さて、分析家ローゼンフェルドのコンサルティング・ルームに導かれた患者は、混乱した様子で辺りを見回す。数分間きょろきょろし続けた末、ぽつりとひとこと言う。

「復活（resurrection）……」

さらに困惑した様子が強まる。

「復活っていうのは生き返ることですね」

患者は分析家をじっと見つめて言う。

「あなたはジーザス？」

分析家は解釈する。

「ジーザスが奇跡を行ったように、私もあなたの病気を奇跡的な方法で治すことができるんじゃないかと期待してるみたいだ」

患者はしばらく黙って考える。そして、彼の治療を結局断念してしまった以前の主治医の名を口にする。

「A先生」「カトリック」、と厳かな様子で言う。彼の発語は単語ばかりで断片的である。

「A先生との治療がうまくいかなくてがっかりしているようだね」と分析家。

「ロシア人は同盟軍だったのに……」

「A先生はもともと同盟軍だったのに、今や敵になってしまったと感じているよう。私も今は同盟者でも、じきに敵になるだろうとあなたは恐れているのかもしれない」

「ああ、そのとおり」。ここで彼はより自由に分析家に向かって思いや経験を話せるようになる。

「僕には愛も憎しみも分からない」。彼は小学校時代の友人について語る。

「問題はですね、もう一人、横に座っていた男の子がいたということ」

「あなたは、その男の子を好きだったように、私を好きになり始めていて独占したいと思い始めているけれど、私には別の友達や患者さんがいるかもしれないことにも気がついたようですね」。

彼は同意する。しかしすぐさま、「もう帰らなくちゃ、行った方がいい」とそわそわし始める。さらに、「こりゃ、ノコギリがなきゃダメだ」。彼はぶつぶつ言う。分析家の的確な理解に患者は安堵するが、安堵すると彼の一部が分析家と融合してしまいノコギリでないと引きはがせないほど自分と分析家が融合してしまうと感じている。

次の日、患者はより混乱して幻聴がひどくなった状態でやってくる。分析家の存在に気づかないかのように彼は部屋の中をうろつき何かを探し回っている。

「あなたは自分自身をここでなくしたと感じていて、その自分を探しているみたいだ」

「自分自身の根っこを見つけないといけない。あなたのことを好きになりすぎることがいいのかどうか僕には分からない」

　彼にとって分析家を好きになることとは，分析家の中に入り込んで自分を見失うことであり，根っこを失うことなのだと感じているのだとローゼンフェルドは患者に言って聞かせる。これを聞いて患者は，「僕のやり方で続けたい」と言ったきり，固まってしまう。微動だにしない。

「重い。肩に塊が乗ってる」。患者はローゼンフェルドをじっと長い時間見つめて固まっている。

「ああ，軽くなってきた」。ローゼンフェルドは，患者が自分の中に何か悪いものを排泄し注入したことを感知する。患者はローゼンフェルドとの分析を心待ちにするが，一方，彼にとってそれは全く安全なものではない。入り込んだり，入り込まれたり，悪いものを注入したり，されたりするのである。受け入れられ理解されることは，内側からコントロールされ，破滅させられることへと直結するという心の状態にこの患者はとらわれている。それをローゼンフェルドは理解した。

　その後何日かしたあるとき，患者は病棟で看護師シスターXの額を殴りつけてしまう。それは午後のお茶のとき，親密そうに看護師が彼に腕を回してきたときに，彼がとっさにとった行動だった。彼は看護師に入り込まれて，内部を奪い取られてしまうと感じたのだった。分析セッションに来ても，しばらく彼はその事件について何も話さなかった。三セッション後になって彼はそのことにはじめて言及する。

「僕は全世界を壊してしまった。恐ろしい」。長く黙り込む。怯えている。

「神よ……神よ……神よ……神よ――」彼はうなだれ，十字架のイエスのように頭をたれる。

分析家は解釈する。彼はシスターXに暴力をふるったことで世界を壊してしまったと感じている。ただ神のみそれを元に戻せるのだと。彼は何も答えなかった。ローゼンフェルドはさらに解釈する。彼は罪を犯したとともにその仕返しを恐れていると。患者はやっと口を開く。

「もう耐えられません」

「いっぱい外に広がってしまった。外の人たちはみんなどう感じるんだろう」

分析家は解釈する。彼は罪の意識と破局的な抑うつ感に耐えられなくなったのだ、と。そして、その耐えられなくなった気持ちを外に追い出してしまうと、それらは外部の多くの人たちに取り憑いて広がってゆく。ばらばらになって、外に追い出され、人々に取り憑いた彼の部分部分が、それぞれどう感じているのだか彼は心配しているようだと、ローゼンフェルドは彼に説明する。すると患者は少し彎曲した自分の指を見つめて言う。

「もうやれないよ。全部無理だ」。今度はローゼンフェルドの、これまた少し彎曲した指を指して言う。「この指が怖いんです」。曲がった指は彼の抑うつと罪悪感を示しており、耐えられなくてそれをローゼンフェルドに引き渡してしまった今や、彼はローゼンフェルドがそれを彼に押し返すのではないかと恐れている。

その日以降、病棟に帰ると彼は飲食を拒否し、何も口にしなくなる。入ってくるものすべてを恐れているようだった。だがローゼンフェルドが、良いものであれ悪いものであれ、彼が自分の中に入れると彼がそれを壊してしまい、罪の気持ちが生じるがため、自分の中に何かを入れることをとても怖がっているのだと解釈すると、患者はオレンジ・ジュースを飲めるようになった。だが、彼はまた別の看護師に暴力をふるいそうになってしまう。

「ヒロシマ……」「もう手遅れですよ、ローゼンフェルド先生。もう僕は見ることができない。見ることができないんだ。できない」。彼は死についてあれこれと話す。だが急に話すのをやめる。しばらくすると何か言いたげに口をパクパクさせる。

「何か良からぬものが出てきそうで話せなくなっているんだね」

「血だ」

ローゼンフェルドは解釈する。

「あなたは、この週末、とても私に会いたくて仕方がなかった。それが耐えがたくて、あなたの心の中で私を殺してしまった。ここに今私が到着したのでは、もう遅すぎて助けにならない。私を見ると、あなたのやってしまった結果を見ることになり怖くて仕方がない。あまりにもリアルで血なまぐさいのだ」と。

次の日のセッションで彼は分析家に言う。

「もうやめないと。もうできない」

彼はローゼンフェルドに自分の曲がった指を見せる。死と流血とに言及して肩をすくめる。ローゼンフェルドは、患者にとって内部での殺戮がいかにリアルに感じられているのか、言って聞かせる。

「僕はまた電気ショックを受けたい。僕は死を望んでいる」

罰として殺されるべきだと彼は感じているのだとローゼンフェルドは解釈する。

「そのとおりです」

その後のセッションで患者はローゼンフェルドの手をとって眺める。

「私がちゃんと生きているのかどうか、大丈夫なのかどうか気になるんですね」

「先生、大丈夫ですか？」

看護師と散歩しているときに彼は急に立ち止まる。「殺すと言っている」と幻聴に怯える。患者は道々何度も倒れ込む。殺される瞬間を何度も演じているのかもしれない。仕返しに殺されることを彼は恐れているのだ、とローゼンフェルドは解釈する。ここに来て患者は、内的なフィギュアを、ただ敵対的で仕返ししてくるものとしてばかりではなく、助けになる良いものとしても体験できるようになり始める。

あるセッションで患者はポケットをしきりに探っていた。ハンカチを探しているようだった。ローゼンフェルドは、彼が探しているのはハンカチだけではなく、自分自身の一部をも探しているのであり、その部分は彼の制御を助けてくれる部分なのだろうと語りかけた。でもそれを見つけることができずに落胆し焦っている。それは彼が不安と罪悪感に耐えられないからだとローゼンフェルドは患者に話す。

「問題はどんなふうに恐怖を感じられるかなんです」。患者は答える。

ローゼンフェルドは解釈する。

「あなたが，内部に感じていらっしゃる恐怖や不安や罪悪感を取り戻して，それらをもう一度自分のものとして感じたいと思うのは，あなたが，内側にある何かや，内側にいる誰かが，あなたをしっかりコントロールすることが必要だと気づいたからですね」。患者は窓の外を見ることで応える。外には生け垣が見えていて，そこには庭師が一生懸命に生け垣を剪定している姿があった。患者は一心にその姿を見つめ追っている。ローゼンフェルドはさらに解釈する。

「あの人は生け垣を剪定していますね。あの人は生け垣にダメージを与えないで，形を整えコントロールしていますね。それと同じようにあなたは，私があなたの内部にダメージを与えないように，でも助けになるかたちで，内側をコントロールしていると感じていらっしゃるようですね」

このセッションのあと患者は，病棟に来てはじめて辻褄のあった正気の話をできるようになった。患者は，ローゼンフェルドの助けで内側の抑うつに直面し，内的世界のダメージを直視することができるようになったようだった。そして，そのダメージをどう修復できるのかに希望がもてるようになり始めた。

「僕は墓場からどうやって出ればいいんでしょう?」。彼はローゼンフェルドの助けを必要としていた。彼は自分の内部で抑うつとともに埋葬されているのだと感じていたのだ。ローゼンフェルドの助けによって墓場からうまく脱出できたと感じられたセッションの中で，彼はしきりに何か良いものを作ろうとした。ローゼンフェルドは彼に何をしているのかと問いかける。

「僕は今、天国を立て直しているんですよ」

だが、それも長くは続かなかった。長期滞在の外国から戻ってきた母親は彼に精神分析などやめるよう働きかけた。ロボトミーを受ける方がよいのだと説得した。彼は混乱し再びコントロール不能状態に陥ってしまう。ローゼンフェルドとの分析はここで終わる。開始してわずか四カ月のことだった。その後、彼は白質切除術を受けたという。なんとも切なすぎる話である。

だが、壮絶な分析セッションの記録がここに残っている。この記録は宝物である。ここには人の心において、いったい神がいかなる対象なのかが生々しく描かれていると思う。しかもそれが精神分析という作業によって、破壊、崩壊、侵入、幽閉、迫害、懲罰といった絶対神との関係が、より相互性と協調性をもった対話できる神との関係へと変化している。垣根を剪定する庭師こそ精神分析的な神の姿である。これをローゼンフェルドは、自我破壊的・超-自我から抑うつ的自我親和性超自我への変容過程としてとらえているのだ。

神について考えてみて、最近神が遠い存在だとは思えなくなってきたことの理由がなんとなく分かったような気がする。神について考えることで、自ずと内的対象というメラニー・クラインの概念へと導かれ、抑うつポジションの本質である「対象との相互性体験」へと開かれるようだ。これが精神分析の神様なのだろう。

第19話 二〇〇五年七月七日、さらに「長い週末」
――キリスト教グノーシスとビオン

二〇〇五年七月七日木曜日午前八時五十五分、カムデンタウンにさしかかったノーザンラインの地下鉄車両では、「この電車はこれ以上先には行きません。速やかに降りて駅職員の指示に従ってください」というアナウンスが流れた。

ああ、いつもの。私はちょうど早朝の分析セッションを終えて、ハイゲイトからタヴィストック・クリニックのあるベルサイズパークの駅へと向かっていた。カムデンタウンはちょうど乗り換え地点なのだ。私は人ごとのように、「お気の毒さま」と念じつつ乗り換えのために列車を降りた。ロンドンの地下鉄では、このようなトラブルはまれではない。とにかく交通機関がよく故障する。住み始めてからちょうど一年、やっとこのアバウトで当てにならない交通機関とどうつきあおうか、私なりにあきらめがついてきた頃だった。その頃、分析の中でも地下鉄の話ばかりしていたような記憶がある。「時間にルーズだ」、「駅員の態度が気にくわない」、「途中下車させられた」、「信号

フィンチリー・ロード駅周辺
（近くにタヴィストック・クリニックがある）

機のトラブル」、「車両が狭い」、「駅の自販機でコーラが出てこなかった」、等々私が地下鉄に関して言及した苦情を数え上げればきりがない。もちろん、分析家はそのことを、分析家の休みへの苦情や分析内部での苦い経験と結びつけて理解していたようで、そのように私によく言った。そんなお決まりのように思える解釈に私はうんざりした。でもそう考えると、やはり「アバウトで当てにならない交通機関とどうつきあうかにあきらめがついてきた」ということ自体「転移（transference）」なのである、と今なら思えるのだが。転移という交通機関のまっただ中にいるときには、自分が分析家に向けた感情や、そこでの体験を転移としてとらえることなどできはしない。この日の経験を思い出すたびに私は、転移の「内」にいるとき、分析家の助けなしには地上へと浮上することはできなかったよなあと、しみじみ思う。transport（交通）‐transfer（乗り換え）‐transform（変形）。どれもトランスである。ギャップをまたぐのはどこにいても大変なものだ。

さて、この日このとき、乗り換えのために駅を降りてみて、どうもいつもと様子が違うことに気づくことになる。カムデンタウンを通るどの路線も、この時刻をもって運休するという。駅を閉鎖するから地上に出ろというのだ。少しドキドキし始める。大丈夫かな。だが、この日はタヴィストックに行っても午前のセミナーに出るだけで、臨床の仕事は午後からだったから、そう焦らなくてもいいと私は自分に言い聞かせた。どうタヴィストックにたどり着くか、その方法に意識を向け始める。バスの代替運行があるはずだ。駅員に文句を言う人はいない。ロンドンの人たちはアクシデントにやたら強く、忍耐力と柔軟性に富んでいる。学ぶべき姿である。

とはいえ、どうもただ事ではなさそうだと思い始めたのは、階段を歩いて登れ、と駅員が血相を変えて指示している姿を見たときだった。なんだか変だ。この人は何か知っているのだろうか。いつもは閉じている螺旋階段室が開けられている。置き去りになった乗客たちは、みなぞろぞろ歩き始めていた。ただならぬ空気を感じ取ってか、みな神妙な面持ちで螺旋階段をゆっくり上ってゆく。恐ろしく長い階段である。地上ならば、おそらく十階以上だろう。なぜエスカレーターは停止したのか。カムデンタウンのプラットフォームは結構深い。息が切れてくる。ススの乾いた感じが鼻の奥にこびりつく。汚い話だが、ロンドンで地下鉄を毎日使うと、鼻の中に黒いススがこびりつくのだ。どうしてなのだろう。列車がディーゼルエンジンで動いてるわけはなし。とにかく暗くてススっぽい。大きなネズミが螺旋階段の横壁の隙間を這っているのが見える。目が回りそうになり

ハイゲイト墓地

ながらも駅員の誘導で地上に出た。とホッとする。

カムデンタウンには、露店や雑貨屋や、よく分からないアートギャラリーや、土産物屋や英会話スクールや、なんやかやが雑居している。建物の壁にはいたるところグラフィティが塗りつけられていて、中には落書きというよりも作品と呼んだ方がいいような代物がある。品のない美しさ。結構良い。大阪でいうアメリカ村のような印象だが、アメリカ村ほどわざとらしい借り物の感じがしない。街全体が危険な興奮とフラストレーションをかき立てる何かに覆われている。悲劇的混沌とでもいおうか。以前この街をはじめて散策したとき、ナーサリーに通っていた上の娘が、雑貨屋でチュッパチャップス型の飴玉を手にとって、ほしいとねだったことがある。ただ飴玉が緑っぽい蛍光色なのと包みのシートがあまりにも雑だったのとで、いかにも異様な怪しさを放ってはいたのだが。少々変だけれど買ってやろうかと思って値段を見るとびっくりする。十ポンド、当時のレートでいうと二千五百円。なんだこれは。すると店の中からタトゥーだらけの赤髪のパンクのお姉さんが血相を変えて出てきて、「ダメダメ、子ども用じゃないよ」と言って娘の手から飴玉を取り上げてしまった。飴玉ドラッグ。頭がおかしくなりそうだった。パンクのお姉さんに真顔は似合わない。ああ、もしかしたらグラフィティを塗りつける若者たちは、カムデンタウンの壁に刻まれた無数の亀裂を埋めたかったのか。壁は亀裂か空白か。壁ばかりではない。カムデンタウンは、いたるところにギャップと空白のある街だ。

カール・マルクスの頭像（ハイゲイト墓地）

代替運行バスは思いのほかすいていた。ゴールダーズ・グリーン側へと逆戻りする格好になる。二十分くらいか。ゴールダーズ・グリーンにはフロイトの墓がある。いつか行こうと思いつつ、結局日本に帰るまでに一度も行かなかった。お墓といえば、ロンドンに行って間もなく、ハイゲイト墓地へと向かったのを覚えている。そこでカール・マルクスの墓を拝んだのが、最初で最後の墓地参拝になった。ダイダラボッチか、あるいは『千と千尋』に出てくるだるま落としのカシラによく似たマルクスの頭像、その存在感は大変なものだった。しかも二度爆破されたらしい。ロンドンに住んでいるとき結婚式にはいくつか出たが、幸いお葬式には一度も出なかった。分析家のコンサルティング・ルームはハイゲイトにあったので、ほとんど毎日墓地近くまで行っていたことになるのだが、その後一度もマルクスの墓には行かなかった。

クリニックについたのは午前九時半頃だった。いつもより人が少ない。コモンルームに行くと人だかり。眼鏡のイタリア人医師マリアピア・ベリーニが私を見つけて言う、

「ワタル、無事で良かったわ」

「え？」

みなインターネット画像に釘づけである。キングズクロスの駅付近が映し出されている。無数の救急車と消防車。頭から血を流した男性が険しい顔で歩いている。倒れ込んで介抱されている女性。ハンカチで口を押さえて歩く人たち。そういえばいつもよりヘリコプターが多かったような。この時点においてさえ、私は今ロンドンで何が起こっているのか分からないでいた。

同時多発テロ。キングズクロスとラッセル・スクエアの間で一つ、リバプール・ストリートとアルドゲイトの間で一つ、エッジウェア・ロードとパディントンの間で一つ、そして地上ではタヴィストック・スクエアを走行中だったダブルデッカー・バスで一つ、計四カ所で爆発が起こった。五十二名の乗客と、四名のテロリストが死亡。

自分がたった今、そのすぐ近くを通ってきたことを知るや、冷や汗が出てきた。比喩ではない。

本物の冷や汗は久しぶりだ。いや、冷たい汗ははじめてかもしれなかった。画像を見ても、人から説明されても、にわかには事態が飲み込めない。不思議だ。私の場合はニアミスだったのだが、それでも、傷ついた人たちが周りの観察者や関係者を通じて、やっと自分の体験したことを知ることになるのだというプロセスをこのとき肌で感じた。自分に何が起ころうとしていたのか、いや自分の近くで何が起こっていたのか、それをあとで知らされるのはとても妙な感じだが、そもそも外傷体験というのは、そういうものなのだろう。頭の中で、ものすごい速さでカチャカチャと何かが作動する。いや何かが崩れていったのかもしれない。フロイトのいう'Après coup (deferred action)'かもしれない。それにしては応答が早すぎるだろうか。冷や汗とともに窒息するような息苦しさ。やがて強烈な恐怖に変わる。私はインターネットの情報から、その日そのとき何が起こったのかを、次第に知ることになる。

体験の真実は知ることができない。知られ知らされるのだ。体験の源――オリジンは知られようがなく、何かに「なる（becoming）」ことを通じてのみ世に現れる。ビオンの'transformations in O'だ。どこかで聞いたキリスト教グノーシス神話を思い出す。

「見ることも名づけることもかなわぬ高みに存した至高神。この神はプロアルケー（原初）あるいはプロパトール（原父）、ビュトス（深み）とも呼ばれた。至高神とともにあったのはエンノイア（思考：女神）であり、これはカリス（恩寵）ともシーゲー（沈黙）とも呼ばれた。このビュトスは『万物の初め』を自分の中から流れ出させるようにと考え、シーゲーに種子を受胎させた。シーゲーは妊娠してヌース（叡智）を産んだのだ。ヌースだけが父の偉大さをとらえることができた――そして彼とともにアレーテイア（真理）が流出した」。エンノイア（思考）が女神で，恩寵と沈黙だとも呼ばれる？　ビオンのコンテイナー・コンテインドの発想に似ていないだろうか。

至高神という父神のみを一元的存在としてあがめるのが，シリア・エジプト型グノーシス，エンノイアという女神とのカップルとしてあがめる二元論的信仰が，マニ教に代表されるイラン型グノーシスなのだという。前者はフロイトを思い起こさせ，後者はまさにクラインの結合対象を喚起する。さらに，この神話からビオンを思い起こすことは至極自然だろう。

私はロンドン地下鉄自爆テロに出くわしたちょうどその頃，ビオンの自伝『長い週末（*The Long Weekend*）』を読んでいた。ここで，ビオンのような偉大な分析家の経験を引っ張ってくるなど，おこがましいにもほどがあるのだが，このテロ体験に折り合いがつけられないでいた私は，夢を見る代わりにビオンの描写を反芻した。

一九一八年八月八日，彼の率いる戦車部隊は戦団から離脱し，敵地のまっただ中で孤立した。第一次世界大戦のさなか，英国陸軍第五戦車部隊士官としてフランス前線へと出征した二十一歳のビオン青年。彼は野心的で英雄然としていた一方，人々からの期待をひどく恐れていた。期待を裏切って役立たずの臆病者になることなど，彼にとっては死に値する破滅的恥辱だったのだ。

士官となっていたビオンは，孤立した部隊を率いてさらに進軍した。フランスのアミエンスにさしかかったとき，深い霧に包まれて彼の戦車は川の手前で立ち往生した。彼は霧を想定しなかった自分自身に苛立った。彼はその場面を悪夢として何度も回想する。彼はスウィーティングという下士官の言動にも苛立っていた。

「閣下，どうしてボクは咳ができないんでしょうか」。なぜそんな質問をするんだこいつは。こんなときに……私は下士官の胸のあたりを見た。軍服が裂けていた。いや裂けていたのは軍服ではなかった。彼には左胸がなかった。「お母さん，お母さん，お母さん……」そうつぶやいてから彼は私を見つめた。「閣下，なぜボクは咳ができないんでしょうか。もう耐えられそうにありません……」「スウィーティング……頼むから……スウィーティング，お願いだ。もう黙ってくれ」「母に手紙を書いてくださいよ。書いてくれますよね」。そう言ってから彼は死んだ，と思う。いやもしかしたら，死んだのは私だけだったのかもしれない。

(Bion, 1982)

ビオンだけが生き残った。彼は勲章を受けた。その日以来，ビオンは自分を許すことができなくなった。「母に手紙書いてくれますよね」「黙れ，誰が書くものか。オレは煩わされたくないんだ。黙れ」。二十五年後へと悪夢は続く。第二次世界大戦である。

彼は一九四四年フランス・ノルマンディの英国軍キャンプで野戦病院の精神科医として働くよう命じられる。すでに四十七歳になっていた。四十三歳のときに結婚した彼はその頃子どもをほしがり、戦時下での妊娠を渋る年若い妻ベティを説き伏せる。ベティは妊娠する。彼は妊娠したベティを残して前線の野戦病院へと出征。一九四五年二月二十七日、ベティから長女パーセノープ（Parthenope）出生の知らせの手紙を受け取り歓喜する。だが、その知らせを書いた数時間後にベティは肺塞栓にて死亡。ベティからの手紙を受け取った三日後、ビオンは電話で妻の死を知らされるのだ。彼はすぐに英国に帰還する。ベティの両親は、彼が赤ん坊を養子に出したがるだろうと思っていた。それを知りビオンは激怒する。だが、妻を失った痛手はあまりにも大きく、彼は父親として生き残ることができなかった。彼は狂気に陥った自分を発見する。彼がクラインとの分析を切望したきっかけといわれるエピソードがある。これはおそらくクラインとの分析で何度も反芻された記憶なのだろう。一九四五年のある週末、ビオンは自宅のガーデンチェアに出てくつろいでいた。まだ一歳に満たないパーセノープが芝生で戯れている。彼女は父親に気づき、彼を呼ぶ。ビオンは動かない。赤ん坊はハイハイして彼に近づこうとする。赤ん坊は自力では父親にたどり着くことができない。父親を求めて泣き始める。彼は茫然と赤ん坊を見つめる。その泣き方は次第に切迫した叫びとなる。彼は全く動こうとしないばかりか、近寄ろうとする看護師を制止する。ビオンは赤ん坊への内心の怒りと憎悪を感じている。

赤ん坊はいったいなぜ私にこんなことをするのか。内なる声は問い返す。「お前はいったい彼女に何をしようというのか」。看護師は耐えきれなくなり、赤ん坊を抱き上げようとした。

「だめだ」。私は看護師に言う。「這わしておけばいい。放っておいてもどうってことはないんだ」。私と看護師は赤ん坊の痛ましい姿を眺めた。赤ん坊は泣き始めた。それでもなんとか距離を詰めようと這っていた。私はそこであたかも悪魔に取り憑かれたように感じた。いや。悪魔のせいではない。私自身が彼女に近寄ろうとしていないだけだ。ついに看護師があきれ顔で私を一瞥し、禁止を無視して赤ん坊を抱き上げた。そのとき呪縛が解けた。私は解放された。赤ん坊は泣き止み、看護師という母性の腕に抱かれた。だが、そのとき私は我が子を失った。それは衝撃だった。自らの中にそれほどまでに深刻な残酷さを発見することは，身を焦がすかのごとき衝撃だった。

(Bion, 1985)

そのときビオンは『ハムレット』の一節を思い出す。

ああ、オフィーリアだ。妖精だ。キミの祈りの中に、私の罪を唱えさせてくれ。

彼は自分の中の何かが狂っていると強く感じた。ビオンにとってのオフィーリア、すなわちメラニー・クラインとの分析が始まったのは一九四五年であった。

さあ、ロンドンのテロの記憶に戻ろう。だがこれは私の中でテロの記憶よりもむしろ分析体験における衝撃的な記憶と結びついているようなのだ。私は分析セッションの中で、このロンドン地下鉄自爆テロ体験を描写したのだと思う。それを聞いた分析家は、分析における最初の夏休みを告げられた衝撃に結びつけて解釈した。自爆テロの衝撃を語っているのに分析の休み？　そのときは当然全くピンとこなかった。だがそれが真実であることは次第に明らかになってゆく。カムデンタウンでの経験は、テロリズムそのものよりも、むしろ地上へと導いてくれた駅員たちに結びついている。週五回の頻度でほぼ毎週行われていた分析セッションが、夏にはひと月も休みになるのだ。それがいかに衝撃的なことだったのか、不思議なことにその場ではあまりピンとこない。だが今にして思うと、私の地下鉄での体験はほとんど分析の休みについての描写に見えてくる。これこそ精神分析を受けた人にしか分からないものだと私は思っている。ここで私は、分析の休みを地下鉄でのテロ体験に「たとえている」わけでは決してない。これはたとえ話ではない何かなのだ。

第20話 宗派と学派、あるいは家業と人間関係

宗教は得意ではない。けど、やはり考えておかねばならないことがある。宗派である。精神分析の内部においても学派というものが存在する。だから今回は、精神分析における学派が、いったいいかなる事情と必要性によって形成されるのか、それがどのように存続してきたのか、あるいはその学派自体にはいったいいいかなる意義があるのか、そういった非常に微妙で危険な、それでいて切実で本質的な問題について、できるだけ冷静に、布教のようにならぬよう注意しつつ、肩の力を抜いて考えてみたいのである。あなたがもし精神分析のトレーニングを受けようと考えているならば、おそらくいったい自分がどの学派に属しつつあるのかに無関心ではいられないはずだ。「属しつつある」という表現を使ったが、それはトレーニング中の人にとってはおそらく現在進行形のアイデンティティ形成に関わることだから、それがしっくりくると感じられたからだ。

さて、宗教ではキリスト教でもイスラム教でも仏教でも宗派というものがある。宗教がどのように分派し、宗派アイデンティティが形成されるにいたるのか。逆にある個人が、いかにしてある特

定の宗派アイデンティティを形成するにいたるのか。これは大変面倒な問題だが、人間の特性そのものと深く関わることでもあるように思われる。どの時代にいようが、どの国にいようが、人間であるかぎりグループに所属することになるのが人間の特性のうちの一つだからである。

ビオンは、『経験から学ぶこと』から『注意と解釈』にいたる四冊の精神分析的探究に先立って、「プロト・メンタル・マトリクス（システム）」という概念を提示していた。それは、彼の定式化した原始的グループ・メンタリティとしての基底想定（basic assumption）として体験される原始的前心的基質という発想であった。それは原始的情動（e-motion）を核として分化発展してゆくものであり、リビドー・エネルギーを中心に据えたフロイトの精神生理学的モデルとは次元の違った経験哲学的発想のように映る。汎精神論（panpsychism）にその着想の起源があるらしい。

人間は胎生期に前情動源基（前心的マトリクス）から出生の間隙を経て、心・身・集団的存在へと分化するという仮説である。このプロト・メンタル・マトリクスという概念は、メラニー・クラインとの訓練分析の最中に発想されたのではないかと私は思っている。ビオンの最初の本『集団における諸経験』の中でその発想は芽生えていた。その発想からすると、人間のグループ形成のメンタリティというものは、身体に基盤をもつ無意識となんらかの関係と交通をもつ別個の次元にある領域ということになる。だから集団というものは個人が複数集まったものという単純総和的な存在ではない。情動がグループ・身体・精神領域へと分化してゆくという概念化は大変魅力的である。なんといっても、臨床現象の実質にダイレクトに接触している感じがしてとにかく説得力があるのだ。

私は、ロンドンから帰国した直後、百日咳（！）をはじめとして、やたらと身体的な病気に連続して罹患した。そこには免疫力の低下という身体現象があったに違いないし、おそらくは分析を終結して、しかも同時に国と文化をまたいで帰国してきたということが、とてつもなく大きな喪失だった気がしているのだが、それは身体でしか受け止めきれない事態だったのだろうと今では感じている。それを別の側面から考えてみると、集団心理（国）と個人心理（精神分析関係）における衝撃的変化が、身体という領域によって受け止められざるをえなかったということなのではないかと思うのだ。人が病気になるとき、そのきっかけや背景に、解決不能の家族（集団）問題があるとしても誰も驚かないだろう。会社をやめたり、突然の災難に見舞われたり、大切な人を失ったり、多くの苦境にあって人は心身の病になるということなど全く珍しくないことだろう。したがって、集団環境を横断する際、心身に大小様々な影響を被ることが想定できる。

心と体をつなぐ無意識的空想のより深層に集団メンタリティが岩盤のように下支えしているというイメージだろうか。集団メンタリティというものは、人が集団への帰属感や反発を感じているという意識上の動きよりも、実はそれ以上に水面下で暗躍して心身を支配するものなのだろう。それはかなりやっかいで意識の届きにくい部分なのかもしれない。グループ療法と個人心理療法とでは変化機序が違う感じがするのは、やはり単なる印象にはとどまらない真実を含んでいるようだ。さて、宗派に戻ろう。

ロンドンにいた頃、私は英会話の必要性から教会によく通ったが、あるとき牧師のジョンに宗派について聞いたことがある。彼は親切だから、懇切丁寧に教えてくれる。そのとき彼は宗派分岐図のようなものを持ってきてテーブルに置いた。それは赤やら青やら緑やらオレンジやらのラインが錯綜していて、どこかロンドンの地下鉄の路線図を思わせるものだった。こんなに宗派があるのか、とめまいがするような気がした。その分岐図を使ってジョンは、十一世紀の東西教会の分裂について、フィリオクエ問題について、それらが神学理論問題から発生したものの、多くの戦乱における禍根が加わり複雑化したことなどなど、とても丁寧に教えてくれた。父と子と精霊という関係において、精霊が子からも発出する（フィリオクエ）という挿入句が問題だったらしい。

精神分析でもこの学派問題は切実だ。と最近思うようになった。それはなぜなのだろう。私自身は分析臨床家としての自分のことを現代クライン派だと思っている。自分の分析体験はクライン派の分析家から受けた精神分析に根ざしている。そもそも分析的接触や分析的コミュニケーションはすべて無意識的なものなのだから、クライン派の分析を受ければ、どうしてもクライン派らしいものが内に生成するだろうということは自明のことのように思われる。でも創造的コミュニケーションは常に新しいものの生成や新しい発見に開かれているはずである。だとすれば、クライン派の分析家に分析を受けたって、クライン派になることなど全くもって必要のないことである。しかしながら、クライン派分析家の分析を受けてインデペンデントやフロイト派になるかといえば、まずそれはない。その人がインデペンデントやフロイト派になろうと思えば、またそういう学派の個人分析を受ける必要がある。だから改宗のようなことは精神分析においても不可能ではないのだが、そう簡単にはいかないということになる。

そう、今しがた気がついたけれど、要するにその学派の分析家の分析を受けることこそ、その学派のアイデンティティの核になるのだと私は考えているということである。だから自ずとトレーニングの中心には個人分析があると私は考えていることになる。

不思議なことに、ロンドンにいる頃私は、タヴィストックの内部で学派問題をあまりじかには感じなかった。なぜなのだろうか。それは私が外国人留学生というアウトサイダーだったからということだけではないと思う。やはりタヴィストックではクライン派に属する人たちが多かった。私のセミナー・リーダーも、チューターも、スーパーバイザーは二人とも、そして分析家はもちろんクライン派の人たちだった。それを目指してタヴィストックに来たわけだから当然といえば当然なのかもしれない。だが、そもそも彼らがクライン派だと呼ばれたり、自称したりする動機はどこから来るのだろうか。分かりやすい方法は、彼らがクラインの創出した概念の有用性を支持しており、自らの臨床に活用しているということで、自分をクライン派分析家と認識し、他人からもそう思われているという構図である。これだと大変分かりやすい。臨床的理論的概念の信奉。それは確かにクライン派精神分析のアイデンティティの一部を形成している。たとえば「抑うつポジション概念」「内的対象概念」「無意識的空想概念」「早期エディプス概念」「投影同一化概念」「死の本能論と羨望」「破壊的ナルシシズム概念」、挙げるとすればクライン派の主要概念はこのようになるだろう。

クラインとその周囲の人たちが、技法的概念的アイデンティティを共有し始めた一九四〇年頃には、自らを「内的対象グループ」と呼んでいたという。クラインの他アイザックス、リビエール、ハイマンなどがそのオリジナル・メンバーだろう。だから、彼らはクラインが創出した臨床概念を共有することで、自分たちの学派アイデンティティとしていた様子が分かる。

ということは、クライン派の諸概念を自らの臨床の中に使用したり、理解に役立てるなら、あるいは論文を書く際にそのような諸概念を中心に論じていれば、その臨床家はクライン派だということになるのだろうか。最近北欧のある訓練分析家夫婦と話す機会があった。夫は訓練分析家で、奥さんは心理療法家だった。そのときにタヴィストックの話になり、その分析家から私は誰に分析を受けたかと問われたので答えた。すると彼は、「へえ」と感慨深そうに私を見て言った。「ああ、じゃあ君はボクの分析的な甥だということになるね、つまりボクは君の分析的叔父だよ」と。彼の分析家と私の分析家の分析家とが同じだったのだ。なるほど、学派を家族関係と見なしている。それはある種のジョークともとれたが、私はそこに一抹の真実も感じた。すると学派は家業ということだろうか。家業を継ぐのかどうか、そういう立場にいる人はおそらく大変悩ましいだろう。親へのアンビヴァレンスは必至であるし、自分の技能への心許なさも切実である。年二百回ほどの分析セッションに何年も通い続け、愛憎の転移状況を生きる相手をしてくれるのが分析家である。確かにパートナーのようでもあり親のようでもある。スーパーバイザーとの関係は師弟関係としてまとめられるが、分析家との関係はそれとはかなり違う。確かに自分の分析家に対して敬意を向けていることは自覚している。だが同時に不満や敵意を向ける源泉でもあり続けた人物である。尊敬という単一の関係性では決しておさまらない。いや何よりも、その関係性は無意識の闇に沈み込んでいる部分があまりにも大きい。一筋縄ではいかない生きた内的存在であり続けているのだ。まあ要するに、精神分析的な「内的対象」の核なのである。その葛藤を伴った内在化過程なしには、学派は自分のものとはならない。さらに自分自身として機能するにはその内的対象とどうコミュニケートするのか、その無意識領域における分析的内的対象との対話と葛藤のプロセス、つまり常に柔軟性をもって活動する無意識的同一化過程こそ学派アイデンティティなのだと私は思う。したがって、たとえば対象関係論の理論や概念を使用するという意識的思考は、その学派の臨床に直結するわけではないということになる。臨床家が長年のトレーニングを重ねる中で無意識に内在化され、同一化の対象となる分析的内的対象との関係という内実を伴って、はじめてその学派の臨床というものが姿を現すのだろうと思うのだ。学派アイデンティティの中心にあるこの内的対象とのコミュニケーションは常に流動し活動する「行く川の流れ」なのである。だからやはり精神分析臨床家のトレーニングの中心には訓練分析が来るのは当然のことなのであり、学派というのはその臨床家の内的対象の生成の歴史に関わる大変重要なグループ・メンタリティだということになる。

第21話 光電効果あるいは投影同一化——アインシュタインと精神分析

あなたはチューリッヒの精神科病院「ブルクヘルツリ」という名を聞いたことがあるだろうか。そこは、かつてユングとアブラハムが働き、スキゾフレニア概念を洗練した、かのオイゲン・ブロイラーが長らく臨床教授を務めたことで有名だが、多くの重要な精神医学的発見の場となり、著名な精神科医を輩出した病院である。

そこに長らく入院していた慢性統合失調症患者がいた。エドゥアルト・ティデル・アインシュタイン、彼は入院中に父親、つまりかのアルベルト・アインシュタインから何通もの手紙や小包を受け取った。あるとき、それはおそらく二つの大戦の間のいつかの時期だろうと推定されるが、小包にはフロイトの本、『精神分析入門』が入っていた。

「フロイトの講義集がウィーンから、そろそろあなたのもとに届いていることだと思います。私が講義集を読んだのはずいぶん昔のことです。当時私は、その理論すべてに賛同したわけではありませんが、それでもその著者のことをとても賞賛する気持ちになりました。でも、それ以来、いくつか個人的な経験を重ねてゆくうち、フロイトの理論の中心的なものについては、それがやはり確かなものだと思うようになりました」

(The Shapell Manuscript Foundation)

その後しばらくして、病床の息子の部屋にはフロイトの肖像写真が飾られるようになったらしい。エドゥアルトがどのような治療を受けていたのかは定かでないものの、次第に状態は悪くなっていったということである。エドゥアルトが発病したのは、彼の両親が離婚して何年か経ってからのことだというから、この手紙が書かれたのは一九三〇年代だろう。その時期ブルクヘルツリでは精神分析治療は行われていなかったのだろうか。

さて、アインシュタインとフロイトには、直接一・五往復の手紙のやりとりがあり、それは後に"*Why War?*"という題で刊行されたらしい。往復書簡は一九三一年頃のもので、急速に戦争へと向かいつつある時勢をなんとか食い止めようという有識者会議の一員として、アインシュタインがフロイトに意見を求めたことでなされた文通だった。フロイトの返答はかなり丁寧なもので、そこで彼は戦争について熟慮している。特に彼の思弁的概念「死の本能」というものについて、その発現がいかに巧妙に生の本能を巻き込んでいて一見感知しにくくなるのか、生産的だと見えるものの背後に無意識的動因として死の本能が暗躍しうることなど、アインシュタインに向けて懇切丁寧に説明している。だが、いわゆる知識階級の良識による世界支配こそ、戦争というかたちでの破壊性の顕現を防げる方法だと考えていた血気盛んな五十二歳のアインシュタインに対して、人間の本性としての死の本能を受け入れざるをえないというペシミスティックな調子で、遠くを眺めつつ諭す老齢のダーウィン的人間心理思想家フロイト、この文通がかみ合っていたのかどうかは定かでない。かたや、光量子仮説や相対性理論など時代を担うブレーンとしてのノーベル賞物理学者、かたや、この局面では無意識科学心理学者として自らの学問つまり精神分析を生んだばかりのフロイト。数百年続いてきた自然科学の革命的理論家と新生児のごとき精神分析の創始者、どうもこれは、違った「時空」にいる二人の出会い以上のものではないようだ。

アインシュタインにとって、おそらく実践家としてのフロイトは視野に入っていなかっただろう。つまり、ここでアインシュタインは、患者の空想と転移を日夜解釈する生活を送っていた精神分析家、夢-転移分析者としてのフロイトという強力に創造的な実践家と語り合ったわけではない。アインシュタインが、フロイトとじかに邂逅するには、彼がフロイトのカウチに横たわるということこそ最も創造的な設定だったのだと私は思う。が、もちろんそれは実現すべくもなかった。

だが、そういう意味で興味深いのは、この二人を結びつけたものが、戦争への危惧というものだけではなさそうで、裏の動機、いうなれば無意識的引力がそこにあったらしきことがうかがえるということである。その引力のうちの一つが、かのブルクヘルツリに終生入院したアインシュタインの息子、エドゥアルトなのではないかと考えるのは突飛だろうか。彼の存在が、別次元にいる二人の天才を「この世で」結びつけているように見えるのだ。アインシュタインにとっては、ちょうど次男エドゥアルトが発病して大変苦悩し心配もした時期だろうし、同時にこのノーベル賞物理学者はすでに戦争へと向かう世を気遣わねばならぬ立場に押し出されてもいたのだ。内的にも外的にも迫り来る'Disaster'、すなわち精神病と戦争という災いがフロイトとアインシュタインを結びつけている。こんなふうに断言すると、なんだか精神分析と物理学とを、「たとえ話」の中で無理矢理カップリングさせる魂胆のように映るかもしれないが、理論としても実践としても精神分析は物理学とかなり似ていると私は思う。心理だって、大きくとらえれば物理なのではないかと、いつの日か心理と物理が結びつく大統一理論あるいは超標準模型ができはしまい、か。重力、運動、質量、電磁気、場、次元など、人の関係に当てはめることは容易であるし、宇宙論にせよ量子論にせよ、どこか内的深淵、つまり人の無意識と集団関係、そして体験としての身体という謎めいた心的真理を観察・実践・探究する精神分析との連続性を感じてしまう。さらに興味深いのは、この宇宙論にも量子論にもアインシュタインというとてつもないインスピレーションをもった物理学者が関わっていることである。そういう意味では、フロイトとのこの接触は興味深い。この接合をメタファー以上の実質へと止揚できないだろうか。

私がロンドンの教会に英語のレッスンのために通っていたときの、あの聖職者ジョンは、以前にも書いたとおり本職は物理学の先生である。英語のレッスンに使う地下鉄新聞『メトロ』に書かれた時事問題の討論にも飽きて、退屈なムードが流れていたある二〇〇六年の夕べのこと、彼は私に精神分析ってどんなものなのかと聞いてきたことがある。私は精神分析の設定（時間、頻度、長さ、トレーニングなど）と、そこでなすべきセラピストの観察や転移・逆転移概念のあらましを説明したのだが、そこで彼は「へー、そんなに複雑で面白そうなことが、分析部屋の二人には起こるわけですねぇ、そんなことフロイトの入門には書いてなかったなあ」と感心していた。彼は、実践としての精神分析にいたく興味をそそられたようで、別のあるときに、「私はあなたが言っていた精神分析のやり方が、物理実験の何かに似ていると直観的に思ったのでね、ずっとそれが何かと考えていましたよ」と私に言った。そしてそれが、量子論の実験屋が使う加速器だと気がついたというのである。加速器？

「加速器って、あのラザフォードとかいう人が作ったヤツですか？」

ああこいつはダメだ、という表情は一切表に出さずジョンは、ラザフォードの実験では、アルファ線を窒素原子に当てただけで加速はさせなかった、と教えてくれたが、当然私には何のことだかよく分からなかった。

「ラザフォードもフロイトと同じ時代の人ですね。だからラザフォードの時代の量子力学が今ではヒッグス粒子の発見を待つばかり（注）の状況にまで成長していることを考えれば、フロイトの当時の説明が精神分析の世界では今や古めかしくなっているのは当然ですよね」。彼はそう言って納得し

（注）　ヒッグス粒子は、その後二〇一二年に発見された。

ていた。そして最近思い出したのが、彼がつぶやいた次のようなフレーズである。

「相対論と量子論では当初、光こそがその中心要素だったけれど、精神分析では理解と夢というものが鍵なのですね、どっちも光だね」。彼は何か発見したように満足そうだった。

だが、ジョンがなぜ精神分析の設定の説明から素粒子衝突実験の加速器を連想したのか、そのとき私にはさっぱり分からなかった。ジョンはあのとき、光子とK（Knowing/Reverie）とを関係づけていたわけだ、と私は最近になってやっと気づいた始末である。そういえば、次のようなやりともあったのだ。

「ＬＨＣって知ってますか？ 'Large Hadron Collider' っていうんですが」

私は恥ずかしいことに、相対性理論の骨格すら知らなかった。私が高校で教わったのは、光電効果とコンプトン効果くらいのものだったのだ。特殊相対性理論のさわりくらい教えてくれても良かったのに、と思う。そもそもこんなにわくわくするような発見を高校生に教えないのはもったいないことだろう。当時の教育のせいにしたところで、自分の無教養を正当化できるわけではないが、当然私はフランスとスイスの国境に位置する外周二十七キロというその巨大な加速器の存在など知るよしもなかった。ちなみに、ＬＨＣ（大型ハドロン衝突型加速器）というのは外周二十七キロという長さで、直径１・７７５０×10^{-15}ｍの陽子ビームを光速の９９・９９９９９８％にまで加速させて正面衝突させ、発生する素粒子をとらえる装置だそうである。極小ブラックホールができるかも、ともいう。その加速器の内部がいかに美しいのか、ジョンが写真を見せながら説明してくれたときには、これがそんなに美しいのかと少々戸惑ってしまった。だが、精神分析について話すときの自分だってそんな感じかもしれない。

さて、確かに光と気づき（awareness）（意識・注意）という機能によって、物理次元と心理次元とを結びつけると面白い。あるいはこのように、カウチに横たわる患者とアームチェアに座る分析家との間で起こっているはずのこと、すなわち情動接触を、陽子間衝突と素粒子の発現になぞらえるのも、あながち滑稽なアナロジーとは思えなくなってくる。だが、精神分析的接触を加速器での粒子間衝突になぞらえるのであれば、フロイトの概念や技法を持ち出すのでは倍率が合わない。発見している真実の次元が違うし、観察できる視野の倍率が全く違う。可視的望遠鏡ではブラックホールは発見できないだろうし、光学顕微鏡でフェルミオンやボゾンの存在を確認することはできない。メラニー・クラインの発見、すなわち「抑うつポジション」「投影同一化」「原初的羨望」などの量子心理学的（？）な概念なしには心的素粒子論は討論できないし、ウィルフレッド・ビオンの「コンテイナー・コンテインド概念」や「破局的変容概念」なしには、重力論や場の理論、あるいは心的宇宙論への展開は不可能だと思う。いうなれば、フロイトの精神分析概念は、偉大なニュートン力学に相当するのだろう。アインシュタインとは別次元である。

あるとき息子のエドゥアルトが、自分の心が生み出すものはすべて無価値で人生は生きるに値しない、と父に宛てて書いてきたことがあったようである。その返事としてアインシュタインは書いている。

「ティートへ、君の手紙を読んで、私は自分の若い頃のことを思い出しました。…（略）…もし、人がすべてのものの価値を拒否するなら、もちろん反駁のしようがありません。それはペシミズムであり、ニヒリズムでしょう。でも、もし人が社会や人生というものになんらかの価値を認めたいと思って、意識（consciousness）というものがあることを喜ぶ気持ちがあるなら、最上級の段階にある意識こそ、最上級の理想であることを認めずにはいられません。…（略）…人間が理由もなく虐げられることを誰も望みはしません。でも虐げられずにいることそれ自体が、人生を価値のあるものにするゴールでは決してないのです。幸福と苦痛のバランスは釣り合わないままなので、生命そのものが消滅するまでは、このゴールへと完全に到達することはないのかもしれません。私はこれまで生きてきて、たくさんの問題に悩みました。でもそのたびに私は、科学と芸術の感覚の中での認識（cognition）こそ、私たちがもつ中で最も良いものなのだという事実から霊感を受け励まされて（inspired）きたのです。それから受けるインスピレーションは、今もそれに気づいた最初の日と全く同じです。私のいろんなものごとへの愛は消えることはありません。愛は私が最後の呼吸をするときまで私とともにありま す。……」

(Seth Kaller, Inc.)

やはりこれは、フロイトの意識からずいぶん進化したビオンのKもしくは夢想のようである。私は、アインシュタインとビオンが出会っていたら面白かっただろうにと夢想する。でもビオンはこの頃、戦場にいる兵士であり軍医であった。つまりいまだ精神分析家ビオンではなかったのだ。ビオンが精神分析家になったのは、一九四五年から一九五三年までの間になされたクラインとの訓練分析を終えた後のことである。

「精神分析を実践するためには、訓練分析を受けることが必須である。というのならば、そのエビデンスを示してください」。そんなふうに猜疑心でもって、ときには敵意や迫害感を伴って挑戦的に問われることがある。こういった経験は一度や二度のことではない。あなたはどうだろう。そういう疑念をもっているだろうか？

そもそも、この問いが頭をよぎるのは自然なことだ。むしろ問われなくてはならないことだとも思う。だが、そう言われると、確かにそのエビデンスとやらは、なかなか示しがたいやっかいなものであることにも気づく。しかしながら、最近なぜだか私は、そもそもこの問いに今即答する必要はないのではないかと思っている。そして、実際この問いの価値は、「探究されること」にあって、答えを得ることにはないのだと考えている。なぜなら、精神分析の実践には訓練分析が必須であるという命題は、「実証」の領域にはなくて、むしろ「実在」の領域に属すものだからである。

とはいえ、訓練分析を受けた人の提供するセラピーの方が患者さんの満足度が高いですよとか、その方が患者さんは治癒しますよ、成長しますよ、あるいは再発率が低いですよ、などと言いたければ、それらの根拠を統計などによって「実証」できるかもしれない。しかもそんな統計をとれるのは我が国だけだろう。なぜなら、諸外国において「精神分析的……」を提供している治療者で、分析を受けたことがないなどという人はいないだろうからである。だから、もしかしたら訓練分析の不可欠性についての実証研究ができるとすれば、それは日本において他にはないのかもしれない。そう思うと、結構「実証」してみたくなってくる。

諸外国において可能な実証研究はさしずめ、時々目にするような、精神分析的心理療法と認知行動療法の効果の差といった、他の方法との差の吟味が関の山だろう。いやむしろ彼らには訓練分析の必要性などあまりにも自明のことなので、実証するなど時間の無駄だと思うだろう。そもそも彼らは英国におけるＮＨＳをはじめとした国民保険の適用の中で、なんとか生き残ることに必死なのだから、認知行動療法その他に勝る治療効果を実証することの方が何倍も重要なのである。ちなみに、ロンドン・タヴィストックで行われたこの種の統計調査ＴＡＤＳ（The Tavistock Adult Depression Study）において、少なくとも難治性のうつ病に関して行ったものでは、「熟練した精神分析家」から精神分析的心理療法を受けた患者群の方が、長期での再発率が低くなったという結果が出た。分析が終わってからの効果が長く持続する傾向が大きいということには特に励まされる。精神分析からは根本的な変化が望めるのだという結果である。またドイツにおいても同様の結果が出ているというから大変心強い。

だが、今考えているのは精神分析的心理療法の有効性についてではない。そうではなく、訓練分析の必須性についてなのである。今述べたロンドンでの調査結果の中で、今われわれにとって、より魅力的に映る部分は、むしろ「熟練した」の部分である。これはセラピーを提供する側の条件についてであり、もっと根っこの部分である。ヨーロッパ諸国では、精神分析的セラピストの条件として訓練分析が必須であるため、分析を受けたことのない分析的セラピストは存在しない。いたってシンプルである。他方、アメリカ合衆国の一部では、歴史上のある一時期、訓練の効率化、軽量化が試みられたときに、訓練セラピーよりも、スーパービジョンの方を重視しようとの向きがあったため、もしかしたら訓練分析を受けたことのない分析的セラピストがいるのかもしれない。だが、もしかすると彼らは自分たちをそもそも精神分析的治療者とは見なしていないかもしれない。多くの場合、自分たちを「力動的精神療法家」だと思っているのではないだろうか。ただ、私はそのあたりについて全く無知なのであまりいい加減なことはいえない。そこでは同様の調査、つまり訓練分析の必須性への調査、もしくはスーパービジョンだけで十分なセラピーが可能なのかに関する調査はあったのだろうか。

さて、そもそもなぜ精神分析的心理療法を行うために、訓練分析が必須なのだろう。この問いを探究するにあたって、訓練分析を受けたセラピストと受けていないセラピストとで、様々な差を見つけることには意味があるし、大変興味深くもある。また、先述したごとく、その比較ができるのは、おそらく我が国においてだけなのだ。たとえば、今後は変わるのかもしれないが、少なくとも今の日本精神分析学会の認定制度の訓練条項を見れば、そこに訓練分析は含まれていない。だから、分析を受けたことのない分析的セラピストが我が国には存在するのである。このような臨床家の方を力動的精神療法家と呼ぶのが世界的な通念だと思うのだが、なぜか日本ではそうはなっていない。これには複雑な歴史的背景があるようだが、残念ながら、そこにいたる顛末について私はよく知らない。

そもそもこのような精神療法の比較研究には科学性についての障壁となるバイアスが多すぎる。たとえば、精神分析がうまくいくというのはいかなることなのだろう。症状が消失することだろうか。患者が満足することだろうか。成長することだろうか。あるいは、分析家を含めて患者を知る人が患者は変化したと感じることだろうか。おそらくそのすべてが部分的に真なのだろうが、これを数量化することはきわめて困難である。

たとえば、治療の満足とは何か。偽りの満足を看破して、むしろ人生に満足できないという事実を隠蔽することこそその人の問題なのだと発見できるならば、「治療に満足できないこと」はあながち悪い結果ではなく、失敗を意味しないかもしれない。むしろこれは、その人の問題のうちの一つが明らかになったということで進展ですらあり、したがって「不満足」は、実は満足すべきことなのかもしれない。このように満足という言葉一つとっても、意味が多重化しているために、エビデンスを示すなどということ自体、一義的にはなりえない。だから、訓練分析の必要性について立証するには他の方法を考えねばならない。

ところで、科学における着想や発見は、それが実際に観察され、誰の目から見ても確かで、再現可能であることによって真と見なされる。つまり仮説が実証されたことになる。だがこと精神分析になると、仮説は実証されるかもしれないが観察は厳密には共有されない。というのは、精神分析とはコンサルティング・ルームにいる二名の参加者、分析者と被分析者の間に起こることなのであって、それ以外のところでは起こらないからである。つまり、精神分析が「起こっている」現場には、この二人以外立ち会うことができない。そこが物理学の実験とは根本的に違うところである。

では、どうすれば研究者同士が発見を共有できるのだろうか。仮説が実証されたことを確認できるのだろう。どれだけ精緻な描写であっても、精神分析における接触は言葉では描き尽くすことはできない。録音や録画も全く役に立たない。これらは確かに、視覚と聴覚などの感覚器官に関するかぎりでは正確なのだが、人間の意識や気づきを正確に記録するすべをわれわれはなんら持ちあわせていない。だから文章は不十分だとはいえ、まだましなのである。つまり、記録を文章にする方が、観察者の意識と記憶と心的触覚を「表現する（再現ではない）」ことができるため、録音や録画よりはまだましなのだ。だから、不十分と知りつつ、分析者たちはセッションのあとでノートをつけることになる。人の意識の記録法が考案されれば話は別だが、まず無理だろう。テクノロジーが「意識」を模倣できる日が来るのだろうか。

ところで、あなたは一九六二年以降のビオンの論文や本を読んだことがあるだろうか。一読しただけでは、何が書いてあるのか、よく分からない。不快ですらある。彼の文章すべてがそうだとは言わないけれど、分かろうと努めても理解できないし、分からないでおくこともまた不可能である。「行間を読む」などという余裕は全くない。何かが喚起されてしまうからだ。では、詩的といえるのか、あるいは哲学的といえるだろうか。残念だが、どちらでもなさそうである。しいていえば、宗教的かつ科学的となるだろうか、でもそれだけではないので、やはり精神分析的であるというほかはない、と私は思っている。ただ、それでは何の説明にもなっていない。「あなたは誰ですか」と聞かれて、「ハイ、私です」と言っているようなものである。だが、この形容しづらさこそ、訓練分析の必須性の実証が困難になる理由と共通のものなのだろう。

ビオンは「精神分析を受けたことのない読者には理解できないかもしれないが、シンプルになるよう最大限努力してみよう」というような意味のことも書いている。思うに、ビオンの文章は通常の理論的思考による読みだと全く理解できないかもしれないが、それでも「生々しく」精神分析的なのである。どういう方法で書いたらああなるのか皆目分からない。ただ、不思議なことに上述のビオンの本には、「精神分析の実在」を喚起し実感させる力があるのだ。彼は自分の目論見について、理論の構築と発展はシーガルらに任せたから、自分は著作において精神分析の「O」であることを目指すなどと述べている。つまり、文章表現において精神分析の「真実（O）であること」を試みるというのだ。しかもどうもそれは部分的に成功しているようである。ビオンの著作群を読んだことのある臨床家であれば、彼の文章の喚起性を経験しているはずだ。さらに、すでに精神分析を受けた経験のある読者諸兄ならば、この喚起性には覚えがあるだろう。そう、精神分析を受けることで生じてくる転移状況の体験は、こうした喚起性を伴っている。

だが、この喚起性というのがまたやっかいな代物だ。心の運動性といおうか、内的対象の活性化といおうか、破局的変化といおうか、なんだかよく分からぬまま存在の奥底から刺激されてしまう。言い換えるならば、パーソナリティもしくは「心」という非在の実在の活性化とでもなろうか。これをOにおける変形というのだろう。知ることのできない実在「O」はその求心性と軌跡から追いかけるしかないものなのだ。どことなく、物質をどんどん探究してゆき、実在の究極的構成要素を突き止めようとして、不確実さという統計的存在としての量子概念にたどり着いてしまう理論物理学者と似ているような気がする。

物理学者ハイゼンベルクは、五感による直観的イメージに頼ることを嫌った。イメージによる直観を信用しなかったのだ。物質の究極の要素は「波ではなく粒だ」と確信していた彼は、量子概念に特に行列力学を駆使して数式的にアプローチすることを選ぶ。選ぶというよりは必然的にそのアプローチに出会ってしまった。彼はこうして不確定性原理を構築することになるわけだが、その道中で放棄したとてつもなく大きな理念がある。それは、なんと「因果性」であった。これはPQ≠QPとなるq数の発見と連動していたらしい。イメージするな。因果論という快感原則の餌食になってはいけない。これがハイゼンベルクの心的態勢なのである。ここにいたるまでのハイゼンベルクの苦悩は想像に難くない。因果論を放棄するとそもそも物理学ではなくなってしまうではないか。だが、この勇気ある態度選択こそ、量子力学が物理的真実へと近づく大きな一歩であった。

これはまさしくビオンの箴言「記憶なく、欲望なく、理解なく」という「ネガティヴ・ケイパビリティ」あるいは‘Act of Faith’そのものだと私には感じられる。そもそも、「ネガティヴ・ケイパビリティ」などという発想は、詩人キーツからのものであり、芸術家の心の態勢を描写したものである。なんだか不思議議だが、アートと量子力学は同じ方向を向いている。しかも、アートの方が数百年先んじているところが面白い。

さて、アインシュタインはそもそも最初に、光は粒としても振舞うのだと主張したわけで、つまりはいわば量子論の生みの親でありながら、ハイゼンベルクらの量子力学を嫌ったのは有名な話である。アインシュタインは「世界には秩序がある」「神は賽を振らない」という科学的哲学観、つまり観察者とは独立して自然の摂理が存在するという主張、あるいは宇宙の摂理といういつかは発見されるはずの「統一場理論」という価値観を固持し、偶然という要素が入り込む非因果的な経験主義物理学としての量子力学に納得しなかった。だが面白いのは、それほど量子力学に対して懐疑的で、その発展成長を許せなかったアインシュタインがボーアやハイゼンベルクらのコペンハーゲン学派に向けた鋭い批判こそ、彼らの量子力学を洗練し成長させることにずいぶん寄与したということである。だからアインシュタインの「神の摂理を確信する絶対的因果主義」に基づく理論が敗北した背景にあるのは、問題の領域を知り尽くした鋭い頭脳と情念が批判の対象だったはずの量子力学の問題点を次々と明らかにすることで、逆にどんどん成長させることにつながったという逆説なのである。これを弁証法的などというと陳腐だが、量子力学の雄ボーアが、常にアインシュタインを意識していたことは明白である。

さて、話を戻そう。ビオンである。私は、ビオンの精神分析理論を描き出す方法がハイゼンベルクらのコペンハーゲン学派の物理解釈にかなり似ていると思っている。彼らは時代的にも近接しているし、そもそもビオンの思索ノート“*Cogitations*”には、ハイゼンベルクへの言及が数カ所あるのだ。理論や概念にはそれほど深くふれているようではないにせよ、メモにはボーアとアインシュタインの名前も数カ所にわたって出てくる。ビオンが量子力学花盛りの一九三〇年代頃に、彼らの議論を、固唾をのんで見守っていたことは十分にありうることだと私は思う。

ビオンが「アルファ機能」や「変形」、あるいは「O」などという概念を持ち出したことから見ても、ハイゼンベルクが五感によるイメージを嫌ったのと全く同じことが彼にもいえるのではないだろうか。だから、ビオンが提示した諸概念や思考モデルについて、なんとなく言葉として、あるいは視覚像としてとらえられるような気になってしまうとすると、誤解へと導かれかねないのかもしれない。たとえば、「コンテイナー・コンテインド・モデル」「アルファ機能」「ベータ要素」「コンタクト・バリアー」「K」「O」等々といった概念は、それぞれ言葉で説明できるような気がするし、実際にそういった解説が試みられてもいる。解説書やビオン事典なるものを読んでみると、なるほどと思えるところがたくさんあるし、明日からの臨床に役立つような気になってしまう。ところが、当のビオンの著作を参照しようとすると、いきなり暗礁に乗り上げることになる。いったいその概念がどこに述べられているのかも定かではない上、その記載箇所を探し当てたとしても、ビオン事典に述べられていることとはどうも違うのだ。ビオンの記述は、あたかも変転し続ける放射性物質を素手でさわってしまったような感覚すら与える。文章の構成も迷宮的である。「要約しよう」などと言って、全く要約ではなく新しい話を始める。概念は開かれ続け、止まることなく流転する。だから、どうにもつかめない。新たな問いが生まれてしまう。「やれやれ」である。

けれども、ここには共通していえることがある。つまり、量子力学にも、ビオンの著作にも、そして訓練分析を受けることにも、それぞれに共通するのは、「体験性を喚起することで開き続ける」という性質なのだ。

エピローグ——旅の終わりに

分析の終わりはなかば唐突に訪れた。二〇〇七年の年末に、そろそろ日本の臨床現場に帰ってこられよという連絡があったのだ。実のところ、その頃には帰国はもう少し先だという心づもりでいた。ロンドンがとても居心地よくなっていたこともあって、このままだといろんな面で帰るのがどんどん遅くなりそうな予感のもと、それも仕方がないのだろうか、とりあえずは行けるところまで行こうか、というような少々現実離れした心境で日々暮らしていた時期だった。自分が日本人精神科医だということを忘れかけていたのである。だから、正気に戻してくれるという意味において、そのような帰国の誘いはとてもありがたかった、と今にして思う。私は妻と話し合って、二〇〇八年の三月末に帰国することを決めた。

終わりを決めるといろいろと慌ただしくなった。タヴィストックのチューターやセミナー・リーダー、そしてスーパーバイザー、さらにはアドミンのご婦人たちにそれぞれ帰国の決定を伝えた。もちろんあの守衛さんにも。それから、近所の人とか、子どもたちの学校関連の親たち、近くのケバブスタンドのおじさんとか、とにかくお世話になっている人が大勢いたので、それらの人たちへの挨拶だけでも、数週間かかった。もちろん分析家にもそれを伝えた。帰国を考え始めて決断するまでのプロセスでも、そのことを分析家に話していた。分析家は、あなたが迷っているのならば帰国する二週間前までに伝えてくれたらいいと言ったが、そうもいくまいと思って、年明けには帰国の意を固め分析家に伝えたのだった。そしてもろもろ、その決定のもとで動き出した。

分析を終わるってすごく難しい、と気づいたのは終わりを決めてからのことだった。当然のことだが失うとなると、とにかく名残り惜しくて、そしていろいろ後悔する。どうしてもっとちゃんと取り組まなかったのかとか、分析家に対して変に挑戦的に振舞うべきじゃなかったとか、考え出すときりがないのだけれど、やはりそうした思いが溢れてくる。とはいえ、もういよいよ終わりだというところまで来てしまうと、後悔などしている暇もなくなり、終わりをどう迎えるのか、とにかく今を考えようという風情になる。そして最終的には分析家にどのように謝意を示せばいいのだろうかとか、何か感謝を形にしないといけないなあとか、当然考えはそうしたところへと向かうわけで、なんだかここではじめて分析が社会的次元へと浮上してくることになる。

どんなにじたばたしたところで、やはり最後の日はやってくる。恥ずかしながら私は、適当なお餞別はおろか、感謝を伝えるセリフすらまとまらぬまま、結局カードに月並みな感謝を一言書いただけで、なんやかやと考えあぐねているうちに眠り込んでしまっていた。そして、その夜、私は最後の夢を見た。

私は一人の若い男と連れ立って海の底を歩いている。海底は薄暗いが、それでもどこからともなく陽が差していて、いろんな魚が泳いでいるのが見える。ウミガメの群れがあり、青い大きな魚の群れが行ったり来たりしているのが見える。海底すれすれを大きなエイがゆっくりと遊泳している。岩からはウツボが顔を出していたりもする。深い海底のはずなのに、不釣り合いに視界が明るいのが不思議である。一緒に海中を歩いていた男は、分析初期の夢に何度か出てきた人物を思わせた。若者が生きたまま血を抜かれて葬られそうになっているところを、その場にいた解剖医に生きていることを気づかれたことで次第に生気を取り戻す、そんな夢を見たことがあったのだ。あるいは別の夢の中では、怒りに打ち震えて自分の乗ったヨットを焼き払おうとしたりで、とにかく彼は一見線が細いのに御しがたい、とてもやっかいな若者として私の夢に現れていた。彼はもちろん分析の中では私自身だと考えられていた。

彼が海の底でちゃんと元気そうに歩いていて同行者の私はホッとしていた。するとなぜか急に浮力が生じてきて海底から浮上し始める。浮上するとき私は一人になり、しかもその若者として泳いでいる。息がしにくい。なかばパニックになりつつ上へと泳いでいく、いや泳ぐというより、もがきつつ浮上していく。海面に出ると、そこはなぜか森の中の湖面である。動物たちが湖岸に何頭か倒れているのが見える。大きなカモシカやら、馬やら、熊やら、雷にでも打たれたかのように皆倒れている。だがしばらく見ていると、動物たちは仮死状態だったのか、一頭また一頭と眼を覚まして立ち上がっていく。私も湖岸に泳ぎ着き、立ち上がろうとしたとき、自分が丸裸であることに気づく。見ている人に気づいて、なんだか恥ずかしくて、戸惑いつつ挨拶する。

この夢をいつものように最後のセッションで報告して、私の精神分析は終わった。立ち去る間際に餞別がないことをわびると、フェルドマン先生は、おや、あなたの夢がお餞別じゃないですか、ありがとう、と言って微笑んだ。

精神分析へのドア

ロンドンでの分析が終わって八年になる。三年七カ月という、とても短いけれども、それでいて自分にとってはかけがえのない私の精神分析体験は、それが終わってからもこの八年の間、どこかでずっと続いていたような気がする。終結後その分析活性は主に私の夢に舞台を移していた。でも、それももう終わった。なんだか寂しいが、受け入れないとこれからが始まらない。喪には分析を受けた実際の期間の倍はかかるよ、といつか業界の先輩がおっしゃっていたが、やはりそのとおりだった。これからは、精神分析臨床をやり続けることで、精神分析内外コミュニティに寄与すべき立場なのだと思っている。いつまでも患者でいてはいけないだろう。でも、やはり一度は患者にならぬことには始まりもしないのだけれど。

分析の中で私が得たこと、それはおそらく、裸になること、そして生気を取り戻すことだったのだと思う。フェルドマン先生はそのための場を提供してくださり、その視界を照らしつつ、私の作業に付き添ってくださった。そして何よりもご自身の心を差し出してくださったというのがありがたき実感である。これに報いようと思うならば、謙虚に分析に寄与し続けることなのだと思っている。でも、裸になるとはいえ、開き直ってはいけない。「裸の王様」は、いただけない。こんなふうに精神分析はとても面白いが、でも、やはり難しい。さあ次はいつか、あなたの精神分析について聞かせてほしい。

謝　辞

本書は、ＮＰＯ法人子どもの心理療法支援会、通称「サポチル」の専門会員を読者とするメールマガジンに、この八年間折にふれて掲載してきたエッセイを編集したものである。メールマガジン担当の溝端伸枝氏に感謝したい。そして、理事長の平井正三先生は、帰国直後の私にロンドンでの体験をエッセイとして書くよう勧めてくださった。先生が日頃からの支えとともに臨床的刺激をくださることで、私の分析臨床生活がある。この場を借りて心より御礼申し上げたい。

さてここで、帰国後も長く続いたこの精神分析の旅を終えるにあたって、お世話になった方々にあらためて感謝申し上げたい。まず、私の精神分析を引き受けてくださったマイケル・フェルドマン先生に心から感謝申し上げたい。終わってから八年が経った今でも、先生は臨床生活ばかりでなく実生活において私を、心の中から助けてくださっているのだと感じる。ただ八年も経つとお名前をアルファベットではなくカタカナで書く方がしっくりくるのはなんだか不思議である。

フェルドマン先生をご紹介くださった、今は亡きベティ・ジョゼフ先生に感謝申し上げたい。帰国の挨拶にうかがった際、先生は八十九歳にして自動車を運転していらっしゃった。「もう帰るのあなた?」と、優しい眼差しでもって、私の精神分析体験のことを聞いてくださった。

渡英前のケース・スーパービジョンにてご指導くださり、ジョゼフ先生を紹介してくださった松木邦裕先生、そして精神分析的グループ療法という私にとってはじめての心理療法をご提供くださり、タヴィストックに紹介してくださった高橋哲郎先生、両先生に心より御礼申し上げたい。また、同僚として私に精神分析という存在を教えてくださった諸冨とも子先生に感謝申し上げたい。渡英するにあたって、快く送り出してくださり、帰国の際にもご尽力くださった大阪市立大学名誉教授、切池信夫先生に心より感謝申し上げたい。

ロンドンで不適応になりがちだった私たちの家族の生活を、様々な局面で支えてくださったレフマン家の人々、トシコさんとティムに感謝したい。そして、ロンドンで憩いのひとときを分かち合ってくださった日本人コミュニティの人々、特に岩下家と武田家の方々に感謝申し上げたい。タヴィストックの同僚たち、Ms. Catherine Lemberger, Dr. Tsung-Wei Hsu, Dr. Michael Brun に感謝申し上げたい。ロンドンでの留学生活を先輩として友人として支えてくださり、今は英国精神分析協会の分析家になられた阿比野宏先生と奥様・千佳子さんに感謝申し上げたい。そして、タヴィストック・アドレッセント部門で研修していらっしゃった宮原研吾先生には、研修生活について様々な点からアドバイスしていただいた。御礼申し上げたい。

この本にちりばめられた美しい写真の数々を、心を込めて撮ってくださった友人、西村理晃さんに御礼申し上げたい。彼の分析家がフェルドマン先生とコンサルティング・ルームをシェアしていらっしゃった関係上、彼とはしばしば待合室などで会った。それに留まらず、アクティング・アウト・カフェと称して、地下鉄ハイゲイト駅前の「ハイゲイト・カフェ」で待ち合わせて、日本語で四方山話に花を咲かせたことが懐かしく思い出される。彼の英国精神分析協会での訓練が好首尾に進むことを願っている。

誠信書房の布施谷友美氏は、メールマガジンの書籍化を勧めてくださり、私の原稿を粘り強く待ってくださった。彼女の編集能力なくして本書がこのように形をなすことはなかった。心より御礼申し上げたい。

最後に、ロンドンという慣れない土地での生活を強いられる中、奮闘してくれた飛谷千矢、龍一郎、麟、莉凰に感謝したい。また英国への思いを刺激してくれた今は亡き父、そして有形無形に留学を支えてくれた母に感謝したい。

二〇一六年七月

飛谷　渉

「憩いのカフェ」で

文　献

Anzieu, D.（1986）*Freud's Self-Analysis.* Hogarth Press, London

Bion, W. R.（1961）Experiences in groups. In: *The Complete Works of W. R. Bion,* vol. IV. Karnac Books, London

Bion, W. R.（1970）*Attention and Interpretation.* Tavistock Publications, London. Reprinted 1984 by Karnac Books, New York.〔福本修・平井正三訳（二〇〇二）「注意と解釈」『精神分析の方法II――セブン・サーヴァンツ』法政大学出版局〕

Bion, W. R.（1982）The long weekend 1897–1919: Part of a life. In: *The Complete Works of W. R. Bion,* vol. I. Karnac Books, London

Bion, W. R.（1985）All my sins remembered: Another part of a life. In: *The Complete Works of W. R. Bion,* vol. II. Karnac Books, London

Bion, W. R. and Bion, F.（1992）*Cogitations.* Karnac Books, London

Breuer, J. and Freud, S.（1885）Studies on hysteria. *S. E.* 2.

Einstein, A., Einstein on Sigmund Freud: He has become convinced, slowly, of the merit in his work (personal letter). Available at The Shapell Manuscript Foundation: 〈http://www.shapell.org/manuscript/albert-einstein-on-sigmund-freud〉（二〇一六年十月四日確認）

Einstein, A.（1932）Albert Einstein counsels his son on the meaning of life（personal letter）. Available at Seth Kaller, Inc.: 〈https://www.sethkaller.com/item/1393-Albert-Einstein-Counsels-His-Son-on-the-Meaning-of-Life&from=15〉（二〇一六年十月四日確認）

Etchegoyen, R. H.（1991）*The Fundamentals of Psychoanalytic Technique*. Karnac Books, London

Fonagy, P. et al.（2015）Pragmatic randomized controlled trial of long-term psychoanalytic psychotherapy for treatment-resistant depression: The Tavistock Adult Depression Study（TADS）. *World Psychiatry,* 14(4), 312–321

Freud, S.（1900）The interpretation of dreams. *S. E.* 4 & 5

Freud, S.（1914）On the history of the psycho-analytic movement. *S. E.* 14

Freud, S. and Einstein, A.（1934）*Why War ? : "Open Letters" between Einstein & Freud.* New Commonwealth, London.〔浅見昇吾訳（二〇一六）『人はなぜ戦争をするのか』講談社〕

Heisenberg, W.（1969）*Der Teil und das Ganze: Gespräche im Umkreis der Atomphysik*. R. Piper, München.〔山崎和夫訳（一九七四）『部分と全体――私の生涯の偉大な出会いと対話』みすず書房〕

平井正三（二〇〇九）『子どもの精神分析的心理療法の経験――タビストック・クリニックの訓練』金剛出版

石川淳（一九四六）「焼跡のイエス」『石川淳全集２』筑摩書房、一九八九年

Klein, M.（1932）*The Psycho-analysis of Children*. Hogarth Press, London.〔衣笠隆幸訳（一九九七）『メラニー・クライン著作集２　児童の精神分析』誠信書房〕

Kumar, M.（2008）*Quantum: Einstein, Bohr and the Great Debate about the Nature of Reality*. Icon Books, Thriplow.〔青木薫訳（二〇一三）『量子革命――アインシュタインとボーア、偉大なる頭脳の激突』新潮

社〕
中上健次（一九八二）『千年の愉楽』河出書房新社
中上健次（一九八二）『夢の力』講談社
夏目漱石（一九一七）『明暗』岩波書店
Riviere, J. (1930) Magical regeneration by dancing. In: *The Inner World and Joan Riviere: Collected Papers, 1920–1958*. Karnac Books, London
Rosenfeld, H. A. (1952) Notes on the psycho-analysis of the superego conflict in an acute schizophrenic patient. In: *Psychotic States: A Psychoanalytical Approach*. Hogarth Press, London, 1965
Schur, M. (1972) *Freud: Living and Dying*. International Universities Press, New York

人名索引

あ行

アイザックス，S.（Suzan Isaacs）　*192*
アインシュタイン，A.（Albert Einstein）　*194～197, 200, 202, 210, 211*
アインシュタイン，E. T.（Eduard T. Einstein）　*194, 195, 197*
芥川龍之介　*125*
アブラハム，K.（Karl Abraham）　*89, 194*
安部公房　*115*
アンジュ，D.（Didier Anzieu）　*129, 138*
石川淳　*165*
ヴァイツ，J.（Vites, J.）　*119*
ウィニコット，D. W.（Donald W. Winnicott）　*32*
ウィリアムス，T.（Tony Williams）　*62, 66*
エチゴーエン，H.（Horacio Etchegoyen）　*74～76*

か行

カーター，R.（Ron Carter）　*62*
カフカ，F.（Franz Kafka）　*105, 108, 118*
カミュ，A.（Albert Camus）　*105, 108*
キーツ，J.（John Keats）　*56, 210*
クライン，M.（Melanie Klein）　*6, 45, 46, 63, 66, 69, 76, 88, 89, 104, 106, 110, 119, 122, 123, 146, 148～151, 174, 182, 184, 185, 188, 191, 192, 200, 202*
クリムト，G.（Gustav Klimt）　*65*
ゲーテ，J. W.（Johann W. von Goethe）　*105*
コルトレーン，J.（John Coltrane）　*61, 64～67*

さ行

シーガル，H.（Hanna Segal）　*208*
椎名林檎　*45*
シェイクスピア，W.（William Shakespeare）　*105*
シュール，M.（Max Schur）　*129*
シュミデバーグ，M.（Melitta Schmideberg）　*89*
ジョイス，J. A. A.（James A. A. Joyce）　*165*
ショーター，W.（Wayne Shorter）　*62*
ジョセフ，B.（Betty Joseph）　*45～47, 50, 151, 219, 220*

た行

ダーティントン，A.（Anna Dartington）　*108*
ターナー，J. M. W.（Joseph M. W. Turner）　*92～94, 104*
デイヴィス，M. D.（Miles D. Davis）　*61～67*
土居健郎　*106*
ドガ，E.（Edgar Degas）　*104*
ドストエフスキー，F. M.（Fedor M. Dostoevskii）　*105*

な行

中上健次　*115, 121～125*
夏目漱石　*92, 105, 106, 115, 116*

は行

ハイゼンベルク，W. K.（Werner K. Heisenberg）*209〜211*
ハイマン，P.（Paula Heimann）*192*
ハリス，M.（Martha Harris）*77*
ハンコック，H.（Herbie Hancock）*62*
ビオン，W. R.（Wilfred R. Bion）*6, 36, 55, 62, 63, 66, 75, 101, 111, 119, 148〜150, 163, 164, 181〜185, 188, 200〜202, 207, 208, 210〜212*
平井正三 *7*
フェルドマン，M.（Michael Feldman）*39, 45, 216, 217, 219, 221*
フライシェル（Fleischel）*136*
プラトン（Platon）*163*
フリース，W.（Wilhelm Fliess）*88, 113, 114, 126, 132〜134, 137, 139, 140, 141*
ブリトン，R.（Ronald Britton）*6*
ブリュッケ，E. W.（Ernst W. von Brücke）*136*
ブロイアー，J.（Josef Breuer）*132, 134, 135, 138〜140*
フロイト，A.（Anna Freud）*142*
フロイト，M.（Martha Freud）*136, 141*
フロイト，S.（Sigmund Freud）*6, 9, 10, 24, 25, 32, 57, 76, 82, 88, 89, 106, 107, 109〜111, 113, 114, 121, 125, 126, 128〜142, 146〜148, 151, 179, 181, 194〜198, 200, 201*
ブロイラー，E.（Eugen Bleuler）*194*
ベートーベン，L.（Ludwig van Beethoven）*56*
ボーア，N. H. D.（Niels H. D. Bohr）*210, 211*

ま行

マルクス，K. H.（Karl H. Marx）*179*
ミルトン，J.（John Milton）*105*
村上春樹 *115*
メルツァー，D.（Donald Meltzer）*6, 119*
森鷗外 *116*

や行

ユング，C. G.（Carl G. Jung）*194*
吉本ばなな *115*

ら行

ラザフォード，E.（Ernest Rutherford）*198*
リビエール，J.（Joan Riviere）*69, 192*
ローゼンフェルド，H. A.（Herbert A. Rosenfeld）*56, 166, 167, 169〜174*

わ行

ワイルド，O.（Oscar F. O. W. Wilde）*105*

事項索引

あ行

アクティング・アウト　*23*
アドレッセンス　*108*
アドレッセント　*108*
アナ・O［症例］　*132, 141*
アナ・リヒテンシュタイン［症例］　*131, 141*
アナロジー　*74*
「ある錯覚の未来」(1927)　*146*
アルファ機能　*36, 211*
イアーゴ　*105, 106*
意識（consciousness）　*50, 71, 80, 113, 193, 200, 201, 207*
イルマ　*132, 136〜140*
　——の（注射の）夢　*125, 129*
陰性治療反応　*152*
『失われた時を求めて』　*105*
宇宙論　*197*
エコー　*107*
エディプス　*105, 106, 109, 111, 124, 141, 191*
　——・コンプレックス　*106, 107, 110, 146*
エマ・エッケンスタイン［症例］　*131*
演劇　*53*
O（Origin）　*148, 211*
『オセロ』　*105*
『踊り子』　*104*
音楽　*53, 54, 56〜61, 65, 67, 68, 73, 77, 82, 85〜88, 115*

か行

解釈　*18, 28, 31, 44, 47, 48, 55, 67, 79, 92, 96, 98, 115, 126, 129, 130, 139, 141, 152, 156, 167, 169, 170〜173, 176, 196*
カウチ　*25, 81, 114, 200*
科学　*10, 103, 104, 112*
　——的心理学　*132*
学派　*187, 190〜193*
カタストロフィ　*67*
カタルシス　*113*
カルナック　*32*
『枯木灘』　*123*
基底想定　*188*
逆転移　*53, 96, 129, 198*
究極的真実（ultimate truth）　*149*
究極の真実　*148, 150*
狂気　*62, 67*
局所論　*142*
グノーシス　*181, 182*
クライシス　*88*
クライン派　*190〜192*
　現代——　*190*
訓練セラピー　*205*
訓練分析　*39〜41, 49, 50, 78, 84, 203〜206, 208, 212*
　週五回設定の——　*84*
『経験から学ぶこと』(1962)　*188*
芸術　*10, 53〜57, 62, 66, 68, 69, 99, 103, 104, 112, 115, 147*
　——家　*45, 62, 210*
幻覚　*97*
原光景　*73, 146*
原始的情動　*188*

原初的羨望　200
『行人』　105, 117
構造論　142
光電効果　199
光量子仮説　196
コペンハーゲン学派　210, 211
コモン・センス　40, 55
コモンルーム　33〜38
コンタクト・バリアー　211
コンテイナー　35, 36
　——・コンテインド　62, 150, 182, 200
　——・コンテインド・モデル　62, 211

さ行

自我　142, 163
事後性（Après-coup）　47
自己分析　83, 88, 126, 133
地震　68, 70〜72
死の本能　142, 191, 195
ジャズ　60, 61, 64, 66, 116
　モダン・——　65
週一回の設定　74
宗教　8, 10, 55, 112, 113, 145〜148, 150, 151, 157, 163, 166, 187
　——意識　147
　——的経験　163
　——(的)体験　147, 148, 156, 162
『集団における諸経験』（1961）　188
宗派　187, 188, 190
自由連想　63, 98, 101, 114, 130
情緒
　——体験の真実　163
　——的接触　54
情動
　——接触　200
　——体験　62
知る(こと)(K)　148, 149, 211
『城』　118
侵入的同一化　64
神話　107, 108, 111, 124, 125
スーパーバイザー　21, 22, 80, 191, 192, 213
スーパービジョン　21, 23, 86, 97, 108, 115, 119, 205, 220
精神分析
　——サークル　24
　——体験　7, 54, 56〜58, 62, 122, 145, 147, 150, 216, 220
　——的心理療法　20〜22, 48, 49, 150, 204, 205
　——的接触　149, 200
　——的態度　148, 163
　——の実在　208
　——プロセス　11, 23, 26, 28, 31, 54
　——ムーブメント　26
　週五回の——　78, 155
精神分析的心理療法　20〜22, 48, 49, 150, 204, 205
『精神分析入門』（1915-1917）　194
セッティング　27
前日残渣　128, 131
『千年の愉楽』　124
相互の夢見　96
相対性理論　196, 199
相対論　199
則天去私　119

た行

タヴィストック　32, 34, 36, 38, 84, 90, 108, 119, 150, 163, 177, 191, 192, 204, 213, 220
『注意と解釈』（1970）　149, 188
超自我　101
　自我破壊的——　101, 174
　抑うつ的自我親和性——　174
ツイッター　100, 101
TADS（The Tavistock Adult Depression Study）　204

デミウルゴス　*163*
転移　*27〜30, 53, 79, 86, 103, 111, 129, 133, 176, 192, 196, 198, 209*
　——対象　*114*
　——プロセス　*23*
　逆——　*53, 96, 129, 198*
同一化　*64*
　侵入的——　*64*
　投影——　*64, 110, 150, 191, 200*
東京事変　*45*
「トーテムとタブー」(1913)　*146*
ドリアン・グレイ　*68, 105*

な行

内的対象　*31, 44, 50, 57, 58, 64, 66, 67, 70, 92, 104, 146, 150, 151, 163, 174, 191, 193, 209*
　——関係　*43*
　——グループ　*192*
　良い——　*147*
内的他者　*45*
ナルキッソス　*107*
成ること（becoming）　*149*
ナルシシズム　*25, 81, 93, 105, 125, 152*
　一次性——　*148*
　破壊的——　*191*
ナルシスト　*30, 68*
乳児観察　*155*
ネガティヴ・ケイパビリティ　*56, 210*

は行

破局　*71*
　——的変化　*209*
　——的変容　*111, 200*
『ハムレット』　*185*
反転可能なパースペクティヴ　*58*
反復強迫　*30, 103, 111*
非在の実在　*209*
「ヒステリー研究」(1895)　*132*
「ビッグ・ブラザー」　*101*
ビバップ　*65*
憑依性同一化過程　*124*
病理的組織化　*105*
『ファウスト』　*105*
フィリオクエ問題　*190*
不確定性原理　*209*
ブルクヘルツリ　*194〜196*
フロイト博物館　*8*
プロセスノート　*36, 108, 109*
プロト・メンタル・マトリクス（システム）　*188*
文学　*53, 57, 68, 97, 105〜111, 113, 115, 116, 121, 125, 128*
分析
　——体験　*39, 56, 58, 95, 96*
　——的接触　*190*
　——プロセス　*21, 26, 27*
　訓練——　*39〜41, 49, 50, 78, 84, 203〜206, 208, 212*
　自己——　*83, 88, 126, 133*
　週五回の——　*72, 86*
　週複数回の——　*79*
ベータ要素　*103, 211*
変形　*55, 57, 211*

ま行

無意識　*11, 27, 42, 43, 86, 92, 96, 113, 114, 142, 167, 188, 190, 193, 195〜197*
　——科学　*196*
　——的空想　*114, 115, 189, 191*
　——的羨望　*89*
　——的プロセス　*27*
ムーブメント　*24, 25, 31*
　精神分析——　*26*
夢想　*201*
『明暗』　*116〜118, 120*
メタファー　*25, 31, 53*

妄想分裂ポジション　*101*
ものそのもの（thing-in-itself）　*149*

や行

『焼跡のイエス』　*165*
夢　*11〜14, 43, 55, 72, 86, 92, 96, 97, 99, 100, 103, 113〜116, 121, 124〜133, 135〜137, 140〜142, 152, 153, 162〜164, 183, 216*
　——解釈　*114, 130, 131, 136, 146*
　——の仕事　*128*
　——の力　*123*
　イルマの（注射の）——　*125, 129*
　見ぬ——　*95, 103*
　見られた——　*95, 100, 125, 128*
『夢解釈』（1900）　*126, 131*
『ユリシーズ』　*165*
良い対象　*66, 104, 119, 150*
抑うつポジション　*110, 174, 191, 200*

ら行

量子力学　*209, 210, 212*
量子論　*197, 199*
reverie　*164*

わ行

ワークスルー　*103, 107, 111*

著者紹介

飛谷　渉（とびたに　わたる）

1964 年　大阪府高槻市生まれ

1991 年　大阪市立大学医学部卒業

1996 年　同大学院医学研究科博士課程修了，医学博士

2004 〜 2008 年　ロンドン・タヴィストック・センター思春期青年期部門および子ども部門留学，思春期青年期臨床課程修了

現　職　大阪教育大学保健センター准教授

著訳書　『精神分析過程』（共訳・解題）（金剛出版，2010 年），『現代精神医学事典』（分担執筆）（弘文堂, 2011 年），『新釈メラニー・クライン』（単独訳）（岩崎学術出版社，2014 年），『精神分析から見た成人の自閉スペクトラム』（分担執筆）（誠信書房，2016 年）

精神分析《せいしんぶんせき》たとえ話《ばなし》――タヴィストック・メモワール

2016年11月 1 日　第 1 刷発行

著　者　飛　谷　　渉

発行者　柴　田　敏　樹

発行所　株式会社　誠　信　書　房

〒112-0012　東京都文京区大塚3-20-6

電話　03（3946）5666

http://www.seishinshobo.co.jp/

印刷／製本　創栄図書印刷

検印省略　　落丁・乱丁本はお取り替えいたします

ISBN 978-4-414-40377-0 C1011　　Printed in Japan